| 光明社科文库 |

新时代高校立德树人教育教学理论与实践

主　编　赵淑辉　包苏红
副主编　武　静　秦晓慧　李静静
　　　　朱广芹　刘　兰　康海霞
　　　　唐亚君　魏丽红　伊拉图
　　　　高　鹏

光明日报出版社

图书在版编目（CIP）数据

新时代高校立德树人教育教学理论与实践 / 赵淑辉，包苏红主编． --北京：光明日报出版社，2023.7
ISBN 978－7－5194－7383－9

Ⅰ.①新… Ⅱ.①赵… ②包…Ⅲ.①德育—教学研究—高等学校 Ⅳ.①G641

中国国家版本馆 CIP 数据核字（2023）第 145156 号

新时代高校立德树人教育教学理论与实践
XINSHIDAI GAOXIAO LIDE SHUREN JIAOYU JIAOXUE LILUN YU SHIJIAN

主　　编：赵淑辉　包苏红	
责任编辑：刘兴华	责任校对：宋　悦　李佳莹
封面设计：中联华文	责任印制：曹　净

出版发行：光明日报出版社
地　　址：北京市西城区永安路 106 号，100050
电　　话：010-63169890（咨询），010-63131930（邮购）
传　　真：010-63131930
网　　址：http：//book.gmw.cn
E - mail：gmrbcbs@gmw.cn
法律顾问：北京市兰台律师事务所龚柳方律师
印　　刷：三河市华东印刷有限公司
装　　订：三河市华东印刷有限公司
本书如有破损、缺页、装订错误，请与本社联系调换，电话：010-63131930
开　　本：170mm×240mm
字　　数：264 千字　　　　　　　　　印　张：15
版　　次：2023 年 7 月第 1 版　　　　　印　次：2023 年 7 月第 1 次印刷
书　　号：ISBN 978－7－5194－7383－9
定　　价：95.00 元

版权所有　　翻印必究

前　言

本书围绕高校落实立德树人根本任务、创新开展教育教学的相关理论和实践研究，汇集了内蒙古警察职业学院政治理论教学部专兼职教师思想政治教育理论与实践研究的优秀成果，以及专业系部教师优秀课程思政教学课例，内容包括理论探索篇、思政课程篇、课程思政篇、创新案例篇和教学改革篇等，约17万字。

论文集收录的文章、实践案例，紧紧围绕学校思想政治教育教学和专业课开展，内容丰富，观点新颖，既有高校校园文化、大学生忠诚教育、网络文化育人等理论前沿的思索，也有师德师风建设、公安院校育警体系建设的探讨；既有大学生思想政治教育、课程思政实践的经验总结，也有思想政治教育一线教师教学经验的展示。其中，在实践研究方面，立足新时代公安教育和民族地区铸牢中华民族共同体意识教育，为相关理论研究和实践研究提供多维视角和参考。这些文章虽算不上鸿篇大作，但却凝聚了内蒙古警察职业学院教师求真务实、勇于探索、奋进创新的点点滴滴，展现了教师多年来在公安教育战线上、在思想政治教育领域里，为党育人、为国育才、为警铸魂的初心和坚守，从中更能深切感受到内蒙古警察职业学院坚持政治建校、育人为本、德育为先的治校办学理念。

由于时间紧、工作量大，其中可能会有一些缺陷和不足，敬请批评指正。

内蒙古警察职业学院
政治理论教学部
2022 年 11 月

目 录
CONTENTS

第一篇　理论探索篇 ……………………………………………… **1**

21 世纪我国交往理性研究评析 …………………………………… 3
当代社会交往的理性审思 …………………………………………… 9
网络文化对思想政治教育文化环境的影响及其优化 …………… 16
网络舆论暴力的社会控制 ………………………………………… 21
铸牢中华民族共同体意识背景下公安院校育警体系建设研究 … 28
提高高校校园文化建设实效性研究
　　——论校园文化的育人功能 ………………………………… 35

第二篇　思政课程篇 ……………………………………………… **41**

公安院校思政课教育之于大学生全面成才的现实着力点 ……… 43
坚守主渠道　充分发挥思政课价值引领作用 …………………… 52
论新形势下警察院校思想政治教育 ……………………………… 56
新时期公安院校网络舆情应对策略刍议 ………………………… 61
以"四有"标准树新风　争做"四者"型政治理论教师 ………… 68
以学生为本是高职院校政治理论教学的核心 …………………… 72

第三篇　课程思政篇 ……………………………………………… **79**

《警用装备使用与控制》课程思政课例 ………………………… 81
《刑事诉讼法》课程思政课例 …………………………………… 90
《治安管理处罚法》课程思政课例 ……………………………… 101

1

《侦查措施与策略》课程思政课例 …… 111
《刑事侦查总论》课程思政课例 …… 119
《侦查讯问》课程思政课例 …… 124

第四篇　创新案例篇　131

《毛泽东思想和中国特色社会主义理论体系概论》课教学方法的
　　有效尝试 …… 133
系好警院学子做"两个屏障"忠诚卫士从警之路的"第一粒扣子" …… 139

第五篇　教学改革篇　153

公安高职院校思想政治理论课教学改革研究 …… 155
公安英模精神融入公安院校思想道德与法治课的路径研究
　　——以内蒙古警察职业学院为例 …… 164
公安院校刑事诉讼法课程融入思政教育的路径研究 …… 171
将来我就成了你
　　——致敬公安英模　铸就忠诚警魂 …… 177
以铸牢中华民族共同体意识为主线　深化民族地区高校形势与政策
　　课教学研究 …… 181
公安高职院校思想政治理论课教学改革研究
　　——思政课实践教学模式初探 …… 187
公安院校逻辑学教学的目标和方法 …… 192
关于高校思想政治理论课程创新教学的思考 …… 198
基层民警对思想政治理论教学的意见和建议
　　——公安院校思政课教学改革研究 …… 204
教育信息化环境下对高校思想政治教育的思考 …… 208
新时代高校铸魂育人培根工作研究
　　——以内蒙古警察职业学院为例 …… 213
预备警官绝对忠诚教育路径养成 …… 219
润"物"有声、以"美"育人
　　——浅谈声乐选修课课程思政实践意义 …… 226

后　记　232

第一篇 **01**

| 理论探索篇 |

21世纪我国交往理性研究评析

赵淑辉

摘　要：在经济、政治、文化全球化发展的今天，人们也进入了全球化交往时代。现时代的交往呈现出许多积极的特征，同时也有非积极的特征，使现实交往中的人们感到前所未有的困惑。只有将交往问题的研究提高到交往理性研究的高度，才能把握问题的实质，真正解决交往的困惑。21世纪以来我国交往理性研究的成果主要体现在四个方面：一是关于哈贝马斯交往理性内涵的解读；二是关于交往理性能否以及如何承担起对分裂理性整合的问题；三是关于交往理性能否构建理想交往社会的问题；四是关于交往理性与人的自由全面发展问题。

关键词：交往困境；交往理性；研究评析

自20世纪90年代以来，哈贝马斯有关交往的著作陆续被我国学者翻译并出版，交往理性作为哲学范畴在我国理论界被关注并加以研究。随着学者们对哈氏思想体系的解读，尤其是《交往行动理论》于1994年被中译出版后，哈氏的交往理论体系及社会学思想被广泛研究和探讨。随着当代西方哲学理性观的争论，在对理性分裂、工具理性的声讨中，哈氏交往理论在受到世界学者瞩目的同时，在我国学术界也备受关注，由此带来了21世纪关于交往及交往理性研究的热潮。

一、交往理性研究的时代背景

1. 现实交往的异化困境

交往是伴随着人类的产生而产生的，交往是社会和个体生存、发展不可或缺的条件，或者说交往是人的存在方式。交往也是社会存在的方式，伴随着经济、政治、文化的全球化，人们进入了全球化交往的时代。人与人之间的社会交往方式发生了根本的变化，呈现出许多新的时代特征，主要表现为：交往范围的广泛、内容的丰富、形式的多样、原则的个性化等。尤其是全球范围内盛行的国际互联网的开通，使人们借助互联网形成了一种新型的交往行为，即网络交往。网络交往与传统的交往有很多不同之处，突出地表现在交往主体的虚拟性方面，网络交往中的"我"只受内心道德和自身修养的制约。这种完全取决于人的道德自律的交往，其秩序性和安全性失去了保障。

网络交往本质上是一种间接交往，它减少了人们对现实人际交往的需求，可能造成对网络的极端依赖，使人陷入"网络异化"的深渊而不能自拔。同时，多元的文化及价值观念给人们带来很多困惑，现实交往中的人越来越觉得彼此情感淡漠、疏离，孤独感和失落感充斥着人们的心灵。可见，飞速发展的经济、信息技术给交往带来益处的同时也在异化着人的交往。"交往异化"是指交往作为手段与人相对立，在交往中，交往主体的一方沦为客体或双方共同降格为客体，交往的主体间性内涵扭曲和丧失。[1] 社会交往的异化集中体现为主体交往的异化和交往的物化。在交往实践中，只要交往双方或任意一方不能以自由、平等、自主、全面发展的主体而存在，主体与主体关系就会在某种意义上降格为主体与客体关系或物与物的关系，从而使交往走向异化。这是现代社会和现代人所面临的严重生存问题，也是普遍的世界性问题。

"哲学作为一种理性的终极关怀，具有理性的确定性和关怀的终极性特征，面对着现实交往的困境，哲学首先要承担起反思的使命。事实上，不把交往问题的研究提高到交往理性研究的高度，是很难抓住交往问题实质的。"[2]

2. 工具理性的困境

工具理性和价值理性的二维结构划分，源于马克斯·韦伯。工具理性和价值理性是人类理性的两种形式，现实中内在地结合在一起，共存于人的理性之中。在古代，当哲学成为包罗万象的"科学之科学"时，价值理性曾在人类理性中居于主导地位，工具理性在价值理性的光照下却黯然失色。近代以来，随着自然科学的发展，又出现了对工具理性的过分张扬，使价值理性失去了应有的地位。进入现代，由于工具理性的盛行，人们陷入了精神困惑和信仰危机，许多人失去对生活意义的坚定信念。然而，人类的灵魂越是游移不定，就越是渴望在捉摸不定的世界中寻求到一个安定的精神家园，越是渴望理解生活的最终意义，人们开始呼唤价值理性的回归。[3] 现代西方许多思想家都在致力于把工具理性和价值理性加以整合，还人类理性以本来面目。哈贝马斯的交往理性概念正是在这样的时代背景下提出的。

3. 深化我国交往理论的研究

20世纪90年代以来，交往作为具有鲜明时代特征的哲学课题引起了我国诸多学者的广泛关注，成为理论界争论的热点。理论上学者们从日常生活和非日常生活领域的角度、从文化与交往的角度、从对马克思早期著作中交往理论资源的挖掘中，对交往含义作出了哲学层面的界定；同时，也从交往实践观等方面，对交往理论进行了较为系统的研究，试图解答人们所遇到的种种交往困惑。通过对当代西方交往理论研究的深入，尤其是对法兰克福学派第二代代表人物哈贝马斯的交往行动理论展开的学术争鸣，在学术界也取得了一定程度的共识。近些年来，交往理论研究的主要问题可以概括为如下几个方面：关于交往范畴及其在唯物史观中的地位问题；关于交往与文化、交往与人的全面发展问题；关于交往与主体间性问题；关于交往实践观及其结构的问题；关于日常交往与非日常交往及其异化问题；关于当代西方哲学家交往理论的解读与评述等。[4]

二十多年来我国交往理论的研究，虽取得了较为丰富的理论成果，但由于对交往理性缺乏深入地研究，使我们未能真正解决现实交往中的困境问题。要想真正抓住交往问题的实质，必须将交往的研究提高到交往理性研究的高度。

二、关于哈贝马斯"交往理性"内涵的解读

交往理性概念是哈贝马斯在对社会学"合理性"问题的阐释中提炼出来的。"在社会科学范围内，社会学是最早使用其交往理性概念去研究合理性问题的学科。"哈贝马斯通过对政治学、政治经济学的分析和排除，认为社会学的出现就是要解决政治学和政治经济学中所抛弃了的"关注整个社会问题"的问题。在马克斯·韦伯"关于如何才能解释清楚西方理性主义"思想的影响下，哈贝马斯认为需要把现代化过程从合理化概念中解脱出来，同时把合理性问题放在其他的视角下和元理论、方法论和经验等三个层面上进行分析，并认为交往行为理论是必不可少的。在对"合理性"概念的临时定义中，引出"交往理性"概念。哈贝马斯所建构的"交往行为理论"在国内外理论界产生了巨大的影响，"交往理性"是其理论体系中的核心范畴之一。

哈氏"交往理性"的内涵是从作为交往行为理论出发点的言语行为（以语言符号为媒介的交往行为，其本质上是一种言语行为）切入的。言语行为有三个有效性要求：一是对一个被陈述性内容或被提及的陈述内容的存在性先决条

件，他要求真实性；二是对规范或价值—在一个综合的关联域中，这些规范或价值将证明一个施行或建立起来的人际关系为正当；三是对被表达的意向，他要求真诚性[5]同时相关，这才是所谓的真正的交往行为。哈贝马斯的交往理性也正是建立在这样的交往行为理论和普通语用学基础上提出的，是交往行为要寻找的合理性根据。这个合理性根据是交往主体之间相互同意、普遍赞同而且自觉遵守的规范，即三个有效性要求：真实性、正当性、真诚性。

哈贝马斯的交往理性思想有很高的理论价值和现实价值，但由于他过于强调语言在交往中的作用，而且交往基本局限于精神交往的范畴，对交往的话语环境要求又过于理想，被理论界公认为带有乌托邦色彩。

三、"交往理性"范畴在我国的研究状态

"交往理性"作为哲学范畴在我国研究中的出现，是以哈贝马斯的《交往行动理论》于1994年被中译出版为主要标志，最初被提及或被引用的"交往理性"，多是以解读哈氏交往理论体系为出发点的。21世纪以来在我国哲学研究中，涉及"交往理性"的文章著作逐渐增多，关注"交往理性"的视角也在扩展。关于交往理性的研究主要集中在三个方面：一是关于深入、全面、准确地解读哈氏交往理性的内涵问题；二是关于交往理性能否以及如何承担起对分裂理性的整合问题；三是围绕着关于交往理性与理想交往的建构问题；四是关于交往理性与人的自由全面发展问题。

在交往理性的研究与讨论中，首先开始的是关于哈氏"交往理性"概念及理论体系的解读。其次，关于"交往理性"能否以及如何承担起对理性分裂的整合问题，持肯定观点的研究者，主要有两种不尽相同的观点：一种观点认为"交往理性"对分裂的理性起到补充和弥合的作用；另一种观点认为"交往理性"是对马克斯·韦伯理性"二维结构"的补充[6]，是与工具理性和价值理性并列的理性三维结构之一。当然无论哪种观点都在不同程度上指出了哈氏交往理性的"乌托邦"色彩。关于如何解决理性分裂的问题，呈现出多元化的理解：其一，价值理性的恢复与重建。认为价值理性是人安身立命的根本，主张重建与生命和生活意义紧密相连的当代价值理性，以价值理性引导工具理性，实现科学与价值、知识与意义、真与善的协调统一。其二，"中庸理性"。其主旨在于论证儒家的中庸之道也是一种理性，它与工具理性、价值理性和沟通理性有共通之处，却不完全相同。中庸之道包括"中"与"和"。"中"指恰如其分，

不走极端；"和"则是从整合出发，谋求行动体系和谐共处。它的特色，是以整合的视野、自我节制的心态，求取恰如其分的最佳状态。[7]

关于理想交往的讨论，一是向往哈氏勾勒出的理想社会远景，在非强制性意愿形成的主体之间，在非强制的协商政治和民主的政治文化生活中，借助基于团结和正义的交往，实现人类的全面解放和自由发展。认为理想交往应是哈氏建立的"无限制的交往共同体"。二是依交往实践观而建立的"主体—客体—主体"理想模式。传统意义上的实践观是由"主体—客体"的要素构成，这种两极框架或模式存在明显的片面性，也是对马克思主义实践观的狭隘理解。马克思主义的交往实践观将交往纳入实践，将"主体—客体"与"主体—主体"统一于实践，构成"主体—客体—主体"的相关性模式。亦有学者提出，主体间的交往是在主客体交往即物质生产过程的中介下形成的，是旨在实现马克思设想的理想交往形态即个人之间自由、自觉的交往，是共产主义阶段的个人自由、全面发展阶段。

关于人的自由全面发展问题。交往是人与人之间的往来，对交往理性的研究必然关涉人的发展问题，而且是从更深的层面来关注人的自由和全面发展问题。在一定意义上可以说，一切人文社会学科和部分研究人的自然生命存在问题的科学，都是关于人的发展科学的不同视域。从"交往理性"的视角看，在研究人的交往，解决现实交往困境的同时，展开对人的交往生活、人的价值追求等有关人的发展问题的探讨是有意义的。追求自由和个性解放是人类永恒的主题，同时也是一项无境的事业。"交往理性"理应作为追逐人类自由之光的"夸父"，显示其勇气和力量。

我国关于交往理性的研究主要存在以下问题：其一，关于交往理性的研究主要集中于对哈贝马斯交往行动理论中交往理性的解读层面，更多的是去理解和挖掘哈贝马斯的交往理性的理论内涵是什么，较少有人谈及什么是"交往理性"，这是一个有待深入回答的本体性问题。其二，缺乏对处在现实交往困境中，拥有"经济人理性"和"政治人理性"的当代中国人提出较为合理的交往理性观，当然这是一个非常棘手的难题。交往理性是交往理论的核心，也是解决当代人交往困境的关键问题。在我国交往理论的研究中，正如王南湜先生所说，"将交往问题上升到对交往理性研究"的为数不多。而且，目前对交往理性的研究缺乏系统性，各种研究角度均有待深入。

参考文献：

[1] 王晓东.日常交往与非日常交往［M］.北京：人民出版社，2005：54.

[2] 王南湜.交往概念与哲学思维范式的转换［J］.求实学刊，2000（3）：10-13.

[3] 张伟胜.重建当代价值理性［J］.湖州师范学院学报，2004（6）：61-65.

[4] 郑召利.90年代交往理论研究述评［J］.教学与研究，1999（10）：64-70.

[5] 哈贝马斯.交往与社会进化［M］.博树，译.四川：重庆出版社，1989：66.

[6] 陈绍芳.论理性的三维结构［J］.江西行政学院学报，2005（4）：67-70.

[7] 张德胜，等.论中庸理性：工具理性、价值理性和沟通理性之外［J］.社会学研究，2001（2）：33-48.

当代社会交往的理性审思

赵淑辉

摘　要：在当今社会，交往对于社会和个体的价值远比以往任何时代都重要。同时在这个时代，社会交往给人们带来的困惑、困境，机遇和挑战也比以往任何时代更强烈，更需要我们对其做出理性的审视和思考。本文通过对当前社会交往在"全球化"的国际国内环境和网络信息时代的现状梳理，分析了社会交往理性在价值取向上的偏失、交往道德理性的弱化、伦理传统的束缚等方面存在的问题，最后提出通过弘扬社会主义先进文化，为交往营造美好的文化氛围；加强道德外部机制的调控，营造社会尚善的交往风气；加强交往境界的修炼，从自我做起来，营造理想的社会交往。

关键词：当代；社会交往；现状；理想交往

马克思在关于人本质的学说中指出，人是一切社会关系的总和，振聋发聩。现实生活中的鲁宾孙是不存在的，他只能存在于艺术作品之中。也就是说，脱离了社会属性，脱离了人与人之间交往的个体是非人。人的社会属性可以理解为人的交往本质，或说交往是人的本质性存在方式。因为，人只有在交往中才能认识自己，认识他人，认识社会，也只有在交往中才能实现个体的自我价值和社会价值。交往是与人的社会属性和人类历史相伴相生一路走来的，交往产生于人类社会之初，但在当今社会，交往对于社会和个体的价值远比以往任何时代更重要，因为在这个时代，无论是政治交往、经济交往、文化交往还是生活交往的困惑、困境，机遇和挑战都比以往任何时代来得更猛烈，更需要我们对社会交往做出理性的审视和思考。

一、当前社会交往面临的机遇和挑战

交往对个体的价值，对社会政治、经济和文化发展的价值毋庸置疑。当前我们社会交往面临着前所未有的机遇和挑战，一些问题随之突显出来。

1. "全球化"对社会交往的影响

"全球化"是时下的热词，它正在改变着我们传统的思维方式和交往方式，我们也时刻感受到了社会经济、政治、文化、信息以及生活方式的全球化。交往是全球化形成的桥梁，同时交往也把自己放置在全球化之中。全球化为人的全面发展提供了广阔的空间，消解了以往社会交往的地域局限。但也导致了交往过程中不可预测性、不可控因素、盲目性和风险性加大。因此，面对扑面而来的全球化交往热浪，我们要理性地面对。比如在全球化的经济交往中，随着我国改革开放程度的不断提高，对国际市场的依赖程度日益加深，国际经济的不确定因素和不稳定状况对我国经济影响巨大，尤其是世界经济周期性的波动。在全球化的政治交往中，国际恐怖主义、霸权主义干扰着全球形势。由于近年来中国经济的快速发展，一些想要称霸世界的国家认为给他们带来了威胁，动摇了其霸主地位，因此在国际上给中国树敌。一些发达国家企图借助韩国、日本等多枚棋子，借机利用台湾与大陆的关系、朝鲜与韩国的民族矛盾、日本与中国的民族矛盾与领土争端，拉拢印度，给中国周边制造对抗力量。另外，在上述政治、经济交往的国际环境中，国际文化交往的复杂性更是出乎人们的想象。世界各国宗教文化以及打着宗教幌子的反动邪教不断向中国渗透。文化共享有利于人类社会文明进步，但"全球化"的文化交往仍然存在着被政治利用进行和平演变和分裂中国的不轨图谋，不利于社会和平发展，不利于人们生活和交往，在普通百姓的心中要引起足够的重视。

2. 21世纪以来国内环境给社会交往带来的改变

当前，我国社会正处在全面建设小康社会的新阶段，现代化事业和中华民族的伟大复兴也进入了关键时期。同时，社会矛盾也日渐突出，日趋复杂，解决起来更加棘手。当前的社会矛盾，尤其是与人们生活息息相关的教育、医疗、住房、社会管理、收入分配等方面的问题越来越突出，亟待解决。看病难、上学难、买房难成了当代人生活的"新三座大山"。衣、食、住、行等关系到每个人基本生活条件和生活环境，直接影响着人们交往的情绪和交往质量。同时，由于社会发展和建设的需要，社会流动人口急剧增多，农民工大量涌入城市，增加了新的社会矛盾和问题。"留守儿童""留守老人""空巢家庭"，已经牵涉到中国很大比例的农村和农业人口。特别是留守老人的养老问题、留守儿童的教育问题，一些老人晚景凄凉，一些儿童前途未卜，这些都增加了社会的不稳定因素，严重影响了社会交往的整体和谐。

3. 网络科技给社会交往带来的影响

网络科技不是最尖端的现代科技，但却以最惊人的速度改变了世界，改变了人们的生活，在"e"时代里，人们的交往方式发生了巨大变化。如今手机、电脑等已成为交往的主要工具和媒介，不反方便，也提高了效率。"有事打电话""发 E-mail""短信联系"等已成为交往的口头语，网络交往让当代社会人们的交往已不再惧怕时空界限的阻隔，高科技让"一切皆有可能"。网络对人们生活的影响既广泛又深远。在中国，越来越多的人通过互联网交流沟通；越来越多的人通过互联网获取信息、丰富知识；越来越多的人通过互联网创业。同时，在一些公益事业和社会救助等方面，互联网也起到了很大的作用。例如在汶川地震、玉树地震等重大自然灾害发生后，中国网民充分利用互联网传递救灾信息，表达同情关爱，发起各种救助行动，实现爱心接力。网络给人们生活带来的好处，无须赘言。但网络交往的负面效应也不言而喻。网络交往与传统交往相比，最大的特点就是虚拟性。正是由于网络交往的虚拟性，给那些自身修养和自律性差、道德败坏的人提供了可乘之机，最容易暴露人性弱点。网络交往的安全性、秩序性和网络道德问题，一直困扰着人们，即使是骗子也怕被骗。

网络交往的困境和社会危机还不止如此。尤其是青少年，他们正处在社会角色培养和个性形成的关键时期，对网络的沉迷不但影响学习和正常生活，而且严重的还会影响身心健康。据报道，由总后卫生部组织、原北京军区总医院牵头制定的《网络成瘾临床诊断标准》已通过专家论证，界定了网络成瘾的"症状""病程"及"严重程度"。网络成瘾是指个体反复过度使用网络导致的一种精神行为障碍，表现为对网络的再度使用产生强烈的欲望，停止或减少网络使用时出现戒断反应，同时可伴有精神及身体症状。[1]可见网络依赖的危害之大，已经引起国家和社会的重视。

二、当前社会交往理性中的缺陷

社会交往理性是社会成员对交往的集体意识，是指导交往行为的观念形态，它引导和操纵着交往行为。任何时代的交往理性都包含着对历史文化的传承和对现时代的回应。合理的交往理性所引导的行为，必然是积极、健康的交往；反之必然导致交往行为的不合理，甚至是异化。所以，交往理性是社会交往现状的深层根源和直接反映。

1. 交往价值取向偏失

社会交往理性中的价值取向问题，影响着社会的人文环境和一个人的行为选择、生活追求。价值是交往的核心，当前社会交往中的困惑在于人们太现实，交往价值往往等同于对象性价值。这样的价值取向放置在交往理性体系中，必然导致交往中对我的"存在"价值的忽视和遗忘，导致社会交往"意义的失落"。具体来说，人们所关注的对象性价值，实质上就是交往活动对自身的有用程度，相当于交换价值。简言之，我们可以直接概括为，交往价值取向偏向于有用性、实用性或功利性，忽视和迷失了交往的精神属性，这样的交往实际上就是功利性的交往。因此，时时处在交往中的人们仍然会感到世态炎凉、人情冷漠。虽然人人都向往在交往中能敞开心扉，畅所欲言，真正成为心与心的交流和对话，但现实的人们顾虑太多，在利益和精神面前，很多人并没有倾听自己内心的呼唤，而是放纵自然本能选择了前者，社会交往变成了一种手段和工具。

2. 交往道德理性弱化

人之所以为人，就在于人可以凭借理性控制自身的本能冲动和欲望。道德理性让我们无法在关注自我存在意义的同时而对他人、社会的利益视若无睹。具体而言，交往道德理性就是通过道德手段对社会交往起到规范和约束作用的部分，是交往主体对交往道德问题的思考、判断与决策，是个体自觉向善的内在精神品质和动力。缺少道德理性的主体在交往中就会表现出缺少德性。当前社会交往困境的一个突出问题就是，交往主体对交往行为的道德思考和道德选择的能力下降，人们对自身无度欲望进行约束和驾驭的能力减弱，尤其是在市场经济条件下，交往的秩序似乎只有依靠具有强制效力的法律、法规和规章，才能维持正常，也正是人们常抱怨的社会道德滑坡问题。交往不能没有道德。

3. 伦理传统的束缚

中华民族有着漫长的封建社会历史，伦理传统在社会生活的各个方面仍然发挥着作用。费孝通先生把我国"伦理"社会结构的格局称作是"差序格局"，即"伦是什么呢？我的解释就是从自己推出去的和自己发生社会关系的那一群人里所发生的一轮轮波纹的差序……我们的格局不是一捆一捆扎清楚的柴，而是好像把一块石头丢在水面上所发生的一圈圈推出去的波纹。每个人都是他社会影响所推出去的圈子的中心。被圈子的波纹所推及的就发生联系。"[2] 伦理传统在长期的历史发展中，已经成为我国社会文化心理构成中相对稳定的因素，人伦观念在当今社会交往的某些领域仍很强势，而源于西方理性精神的理性传统在社会交往中则相对弱势。中国人在交往中讲究"情理"。"情理"一词是中国式理性的特殊表达，是一种通情达理的文化精神。"理"代表不变的宇宙法则，"情"代表人的可变因素。人伦文化结构中的这种"情理"观，在当代社会的交往观念中突出表现为"人情化"和"泛亲情"。人伦传统的存在有其历史性和合理性，但现代文明体现在公共生活领域中，其结构和运行机制是以"社会契约"所规定的权利、义务的实现为前提。当"人情""亲情"被广泛用于主体开展交往活动和当成维系社会关系的"有效"手段时，人情、亲情就泛化了，甚至扭曲了，社会也会因此失去公正而变得无序。人们似乎已经意识到这一点，但仍跳不出这个怪圈。

三、理想社会交往的营造

现实交往的困惑不可能一下子解决，理想的交往社会也不可能一下子全面实现。针对当前社会交往及交往理性出现的问题，我们可以通过对社会大环境以及对全体成员进行先进文化的熏陶、社会道德机制的调控和完善等途径，逐步改善社会交往，促进社会和谐，实现理想交往。

1. 弘扬社会主义先进文化，为交往营造美好的文化氛围

社会文化大环境对人与人之间的交往和交往理性的形成具有潜移默化的影响。营造美好的文化环境，旨在通过先进的文化、健全的法制对社会产生影响，让社会全体成员崇尚高尚、高雅、文明，自觉抵制低俗、粗鄙、龌龊，打造和谐社会的精神风貌。大力宣扬社会主义先进文化，为社会交往营造优秀的文化环境。先进的文化是那些既能为当时社会的发展提供强大的精神动力和智力支持，又能增强国家和社会的生命力、创造力、凝聚力，同时可以超越时代，具有普遍和持久的价值。先进文化也是个人发展的精神动力、智力支持和思想保证，只有先进文化才能让人们的精神世界更加丰盈。同时，优化社会法制环境也至关重要。在社会主流价值观念和普适伦理还没有完全形成的时候，法制就是社会交往有序进行的有力保障。目前，由于人们对法律知识了解不全面，法律意识、维权意识缺乏，致使社会交往中存在大量不合法的问题，也给一些图谋不轨之人提供了可乘之机。同时，国家在执法、立法、司法等活动中也应加快完善的步伐。

2. 加强道德外部机制的调控，营造社会尚善的交往风气

人人都有道德意识，但能否激发为外部的道德行为，在很大程度上受道德外部调控机制的影响。道德外部调控机制是以道德律令和舆论压力为主要制约

力量的各种道德调控形式之和[3]。其一，加强交往的道德保障机制。道德保障包括惩戒和奖赏两方面。道德惩戒是当社会成员交往中出现不道德行为时，就要受到相应的批评、制裁和惩戒，剥夺他们所不愿失去的东西。其作用在于通过惩戒，培养人们对道德的敬畏之情，不至于使人在交往中冲破社会最后一道屏障。道德奖赏是一种激励机制，即社会对其成员相应的道德行为的一种精神上和物质上的肯定和褒扬。其作用在于能在一定程度上补偿行为主体的巨大牺牲，免除了行为主体的后顾之忧，体现了社会对真善美的弘扬，起到了良好的道德示范作用。道德奖赏主要适用于交往中的见义勇为、拾金不昧、舍己救人等高尚行为。加强交往的道德保障机制，无疑是对交往中有良好道德情操的人和事的支持、保护和鼓励，同时也是对那些缺少德性甚至是没有人性的交往行为的鄙视、惩戒，严重的会受到法律的惩罚。在日常交往中，道德奖惩可以通过喜爱或憎恶、赞誉或指责、亲近或疏远、认同或排斥等反映形式对人的交往行为进行调控。其二，加强交往的社会监督。社会监督的主要途径是大众传媒监督和人际监督。大众传媒监督在于通过社会舆论的形式扬善惩恶，对人们的交往行为起到约束作用。互联网时代，交往的社会监督渠道越来越多，监督的力量越来越大。社会交往的人际监督是基于人人都不希望无契约、无承诺、无规则的心理，相互之间产生对交往行为的监督。所以，加强交往的社会监督，是树立良好交往风气、加强自身监督和道德修养的重要途径。在完备的道德调控机制下，人人都会注意自己的言行，合理、适度的满足人的自然欲求，注重彰显人性的光辉。

3. 加强交往境界的修炼，从自我做起

人与人之间的交往构成了社会交往。如果每一次交往都会相互留下美好的回忆，那么，社会交往亦是美好的。外在环境对交往的影响固然重要，但交往毕竟是在人与人之间进行的，个人交往境界的高低是影响社会交往的主观因素。冯友兰先生把人生境界划分为四个等级，即自然境界、功利境界、道德境界和天地境界。交往境界是人生境界的一种表现形式，交往的最高境界一直都是交往世界中的人们在不断追求的目标。按照西方哲学的观点，可以把交互主体性的生成，看作是交往的最高境界；在我国的传统文化中，交往的最高境界是天人合一，或庄子所说的"天地与我并生，万物与我为一"。其实，交往境界修炼的过程亦是个"觉解"的过程。觉解多者，其境界高；觉解少者，其境界低。在个人交往境界的修炼中，首先要以中共十六大提出的"弘扬爱国主义精神，以为人民服务为核心，以集体主义为原则，以诚实守信为重点，加强社会公德、

14

职业道德和家庭美德教育"为基调，树立社会主义荣辱观，尤其要做到诚实守信。当前社会交往中，由于道德理性弱化，在一定程度上导致了交往价值迷失、交往规则混乱、社会道德失范。在交往中坚定诚实守信的原则，对个人交往境界的提升至关重要。信任的存在，意味着道德感的可靠；如果社会缺少信任，人与人之间没了诚信，则表征这个社会道德危机，交往失序。总之，对于我们而言，要积极、乐观地面对交往，在交往的过程中要互相尊重、诚实守信，享受交往之美。

参考文献：

［1］原北京军区总医院推出《网络成瘾临床诊断标准》［EB/OL］.［2002-11-18］.搜狐新闻，http：//news.sohu.com/20081118/n260695120.shtml

［2］费孝通.乡土中国·生育制度［M］.北京：北京大学出版社，1998：26-27.

［3］赵继伦，李焕青，孙友.精神文明的时代审视［M］.北京：人民出版社，2004：213.

网络文化对思想政治教育文化环境的影响及其优化

秦晓慧

摘　要：文化环境是思想政治教育环境的一个重要内容，思想政治教育与文化环境关系密切，不可分割。在改革开放不断深化的今天，思想政治教育文化环境处于一个开放、复杂、动态的社会体系中，受网络化迅猛传播的影响，思想政治教育文化环境面临着深刻的转型。因此，如何在网络背景下，营造和谐的思想政治教育文化环境氛围，优化思想政治教育文化环境，确保文化环境促进思想政治教育的发展，已变成一个需要迫切解决的问题。

关键词：优化；影响；网络文化；文化环境

伴随着网络的迅速发展，网络文化以其开放性、快捷性、虚拟性等特点迅速崛起，网络文化作为一种新的文化形态，不仅促进了社会的发展，扩大了人们的交往空间，还改变了人们的思维模式与行为方式，为文化环境建设带来深刻的影响。网络文化的快速发展，使我国现如今的思想政治教育文化环境建设既面临机遇又面临危机。如何把握机遇、应对危机、优化思想政治教育文化环境，使其促进思想政治教育的发展变得尤为重要。

一、网络文化快速发展背景下思想政治教育文化环境的现状

网络文化的推进，对思想政治教育文化环境构建既有积极作用，也产生了消极影响，使我国当代思想政治教育文化环境呈现出了一些新的特点。

1. 网络文化的发展打破了许多陈旧的、封闭的和落后的文化模式，但同时也加大了资本主义对我国社会主义意识形态的冲击，导致了文化全球化。当前我国正处于社会转型期，文化全球化改变了相对封闭和单一的思想文化环境，为西方强势的资本主义文化对我国的入侵和渗透提供了绝佳的途径。他们借助

网络文化的传播，有意识地加大对我国文化意识形态渗透，使网络成为文化意识形态斗争的角力场，潜移默化地使西方文化进入我们的社会生活，影响我国网民的社会生活方式、价值观念和思想状况。与此同时，由于我国思想政治教育文化环境建设的滞后，西方的价值标准已经成为一些人信奉的价值标准，马克思主义的信仰危机日益严重。

2. 网络文化给我们的文化带来了许多新的内容，让我们可以通过多种途径获得来自不同地区、民族、国家的文化，促进了文化的创新与融合。人们在开放、自由的网络环境中互相交流，有利于呈现"百家争鸣，百花齐放"的文化格局。但是由于西方国家以领先的科技优势占领着国际互联网的传播权，他们借助与我国扩大文化艺术交流的机会，通过影视、音乐、快餐、艺术、时装等诱人的鱼饵，大力传播其价值观和生活方式，[1]有意识地对我国进行文化意识形态渗透，造成了部分人在思想认识上的严重混乱。另外，在网络上，由于其匿名性的特点，任何思想观点、任何文化价值观念都可以在网络上传播。这势必对相对单一的价值观造成冲击，导致人们在价值取向上多元化趋势的形成。

3. 网络文化的自由性使大众化的民间文化广泛流传，它以普通群众为主体，以民俗习惯和大众传播信息为主要内容，以娱乐消遣和追逐商业利益为主要特征流行于现代社会生活。这对于缓解普通群众的紧张生活，丰富普通群众的文化生活，满足普通群众的精神需求起到了一定作用。但是大众文化以商业性为目的，娱乐化为特征所表现出来的对物欲和感官享乐的过度追求，对当前思想政治教育所要求的理想信念、思想意识、道德觉悟等价值目标具有明显的否定性，它严重地冲击了思想政治教育文化环境所承载的反映社会主流意识形态的优秀文化精神的作用。[2]

二、网络文化对思想政治教育文化环境的作用

1. 网络文化对思想政治教育文化环境建设的积极作用

（1）拓展了思想政治教育文化环境建设的思路。网络文化的开放性、交互性、传播快、影响大等特点是传统思想政治教育文化环境所不具备的。网络文化传播形式和内容的多样性给传统思想政治教育文化环境的建设和发展提供了新的思路，增强了新形势下思想政治教育文化环境建设的针对性和时效性。

（2）丰富了传统思想政治教育文化的内容。在网络普及的今天，网民数量急剧增长，到 2014 年 12 月，我国网民规模已经达到 6.49 亿，利用网络丰富人

们文化知识，加强党建工作，增强网民上网的法治意识、责任意识、自律意识和安全意识，能使人们形成正确的世界观、人生观、价值观，培养健全的人格和高尚的情操。同时，网络是人们接受新信息和新知识的良好载体，充分利用好网络可以让人们及时获取大量有价值的信息，丰富思想政治教育文化的内容。

2. 网络文化对思想政治教育文化环境建设的消极影响

（1）网络文化的全球化加大了资本主义对我国社会主义意识形态的冲击，致使部分人被西方的政治观和价值观所腐蚀，向往、追求资本主义的生活方式，进而导致人们的爱国主义情感和社会主义信念淡薄，国家民族意识受到削弱。

（2）网络的开放性、自由性，使得各种文化都可以在互联网上传播，这就不可避免地产生了网络噪音。网络噪音包含着许多虚假的、消极的、非理性的信息，使得广大网民价值观念受到冲击。同时，这些网络噪音肆无忌惮地轰炸网民，对人们的心灵心理造成损害。

三、如何优化网络文化

社会的全面发展是政治、经济、文化、生态诸多因素综合协调的结果，良好的文化环境是社会健康发展的必要条件。其中网络文化的健康发展也尤为重要。党的十八大报告指出："文化是民族的血脉，是人民的精神家园。全面建成小康社会，实现中华民族伟大复兴，必须推动社会主义文化大发展大繁荣，兴起社会主义文化建设新高潮，提高国家文化软实力，发挥文化引领风尚、教育人民、服务社会、推动发展的作用。"[3] 由于文化的重要性，优化网络文化已经变成一个亟待解决的问题。

1. 要以社会主义核心价值观引领网络文化

网络化的背景下，各种价值观念和社会思潮纷繁复杂。面对世界范围思想文化交流、交融、交锋形势下价值观较量的新态势，面对思想意识多元、多样、多变的新特点，迫切需要我们积极培育和践行社会主义核心价值观，以社会主义核心价值观引领网络文化，扩大主流价值观念的影响力。我们要在网上组织各种形式的活动，对当前时事政治和大政方针进行宣传和研讨，提高思想政治意识，进而营造优良的网络文化环境。

2. 建立健全网络文化的法律支撑体系

网络化为各种文化在我国的传播提供了便利，必须建立健全网络文化环境的法律支撑体系，以保障网络文化环境的安全。

（1）加快网络立法。网络文化具有开放性和复杂性，使得网络文化产品良莠不齐。想要高品位、反映先进思想的网络文化产品得到传播，占主流地位，就必须加快立法，对不健康的、反动的相关网络文化产品坚决予以禁止，使网络文化环境中的一切行为都能有法可依。网络立法可以使网民意识到在网络上的行为如同在现实生活中一样，不是随意而为的，其在网络上的行为一样会有法律的约束，因此可以减少不良网络文化产品的产生。

（2）加大执法力度。有了相应的法律法规，如果不严格执行，就会形同虚设。目前我国已经实行网络的普及，不太规范的网络制度在某种程度上扩大了公民的话语权，也使一些不良思想的传播有机可乘，在网络上潜移默化的影响和引导着广大青少年和民众的人生观和价值观。因而，对待网络文化的传播必须严格监管，加大执法力度。规范化的网络环境有利于及时过滤虚假信息，防止垃圾信息、非法信息、病毒信息的传播，预防网络犯罪的发生，保持网络环境的纯洁性。[4]

3. 提高网民的素质

网民在思想政治教育文化环境的构建中起着不可替代的作用，对于网络文化中意识形态的传播起着关键作用，只有网民充分发挥传播优秀网络文化的职能，坚持马克思主义为指导思想，才能营造一个具有高尚精神风貌的网络文化氛围，进而建设健康、积极的思想政治教育文化环境。

四、结语

网络文化以其快捷性、开放性、交互性、自主性、隐匿性等特点，在开阔人们视野、丰富知识的同时，也对人们的价值取向、道德观念和行为方式等产生着负面影响。它既给思想政治教育文化环境的建设带来机遇，也带来了严峻的挑战。随着互联网技术的不断发展，网络文化与思想政治教育文化环境建设的关系将会越来越密切，充分发挥网络文化作用，对于思想政治教文化环境的建设具有十分重要的意义。因此，对网络文化优化的研究势在必行。

参考文献：

[1] 鄢本凤. 思想政治教育面临的现代困境及超越 [J]. 思想教育研究，2006（10）：39-41.

[2] 李向军. 思想政治教育文化环境育人功效的现实困境及其破解 [J].

思想政治工作，2009（11）：27-29.

　　[3] 党的十八大报告 [R/OL].[2012-11-08].http：//phycjy.pinghu.gov.cn/readnews.asp？id=3121.

　　[4] 王喜.思想政治教育文化环境的优化[J].学理论，2013（23）：363-364.

网络舆论暴力的社会控制

秦晓慧　韩弘力

摘　要：网络舆论暴力是网络暴力的一个组成部分，它既是一种集体行为，又是一种越轨行为，这种行为无论是对国家、社会还是个人都造成了危害，有必要对其进行控制，文中主要从组织控制、法律控制和伦理道德控制三方面入手分析如何对网络舆论暴力进行社会控制。

关键词：社会控制；网络舆论暴力

近年来，随着互联网的普及，网络渐渐成为人们日常生活中不可缺少的一部分，我们每个人都自称为互联网的一代。我们开始通过网络这个虚拟空间对一些社会现象进行话语表达，形成公众舆论压力，对社会一些现象、事务进行监督，以期社会更加和谐、健康。然而，天下万事万物当它来到地球的时候，当阳光照耀到它的时候，他一定有阳光的一面，也一定有阳光下的阴影。互联网也不例外，我们一方面享受着互联网带给我们的所有福利，同时互联网也让我们失去一些东西。例如一些热点事件经过网民的激烈讨论后，网络舆论偏离正常的轨道走向了极端，转变为网络舆论暴力并表现出严重的破坏性，对社会产生了较大的负面影响。近几年来，越来越多的学者将关注点锁定在网络舆论暴力的研究上。目前，我国学术界对于网络舆论暴力相关问题的研究初见成效。但是学界对它进行研究多是从表面出发，结合一些具体的事件进行分析。此文在梳理了众多文献后，以社会学的相关理论为切入点对网络舆论暴力的概念、表现形式、成因、危害以及社会控制进行分析、研究。

一、网络舆论暴力的形成

（一）网络舆论暴力的含义

关于"网络舆论暴力"，目前相关法律和学术界都还没有给出一个权威的解释。在相关学者对网络舆论暴力解释中，作者比较认同熊欣、李玲的观点："网民通过激烈的言辞等在网络空间表达对某一事件和现象的看法，并对事件当事人进行道德审判，还以公布事主个人隐私信息等方式使网络的道德审判转向现实生活，使当事人以及部分参与者受到心理甚至生理的伤害。"[1] "网络舆论暴力的性质，从道德角度来说，属于一种明显违反道德准则的行为。"[2] 从这些解释出发，运用社会学的理论对网络舆论暴力进行分析，我们可以知道：首先，它是一种集体行为（具有一定规模的、相对来说是自发的、无组织的群体的思维、情感和行为方式）；其次，它是一种越轨行为（社会成员偏离或违反现存社会规范的行为）。

（二）网络舆论暴力的表现形式

随着社会的快速发展，网络的普遍化，网民数量的激增，网络舆论暴力事件频频发生，并得到了公众的广泛关注。概括而言，网络舆论暴力主要表现为以下几种形式：

第一，在聊天室、论坛、微博等网络社交平台对网络事件当事人的谩骂、侮辱、诽谤、围攻、网络审判等行为。

第二，利用现代信息技术搜索出事件当事人的信息然后在网上公开其个人隐私的行为，即"人肉搜索"。

第三，网民在现实生活中对事件当事人及其亲属进行谴责，使其在现实社会生活中遭受身心压力，甚至是生命和财产安全的威胁，即"网络追杀"。

（三）网络舆论暴力的形成原因

第一，环境条件：虚拟的网络。虚拟的网络环境让网民肆无忌惮，不担心会被惩罚。第二，结构性条件：人们对当下社会的种种道德不公现象心存不满，且在现实生活中累积了压力无处释放。第三，普遍情绪的产生：在传播学者看来，人作为社会动物，总是力图从环境中寻求支持，避免陷入孤立状态，当发现自己属于多数或优势意见时，他们更倾向于积极大胆的表明自己的观点，最终形成一个以占上风观点为主的舆论场。[3] 第四，诱发因素：事件当事人的行为背离了网友们的道德标准。第五，行为动员：网络舆论中的"意见领袖"为了使自己的观点得到普遍认同会反复地对自己的观点进行宣扬。第六，社会控制能力：不力。由于缺乏相关的法律规范体系，当网络舆论暴力事件发生的时候，国家很难采取措施进行控制。

从社会示范理论分析：社会失范即社会没有统一的规范或者个人和群体对规范的理解不到位。很显然，我国对网络行为，到目前为止还没有一套系统而清晰的规范体系，网民们正是出于一种匿名状态下可以不必承担责任的心理，以及"法不责众"的心理状态支配下，才无所顾忌地以道德的名义对他人实施暴力伤害。并且网民们也混淆了我国宪法赋予公民的自由与绝对自由的含义。这两方面的失范都是导致网络舆论暴力这种越轨行为产生的原因。

从社会冲突理论分析：社会冲突即社会中并不存在一个所有社会成员共享的、相同的目标和价值，社会中总是会存在不同的价值观念。由于价值观念的不同，网友们对其所关心的事件中的当事人的行为不认同，要求对其进行"道德审判"，因而造成了网络舆论暴力事件的发生。

二、对网络舆论暴力进行社会控制的必要性

网络舆论暴力的发生及其扩大，无论对国家、社会还是个人都造成了极大的危害，在这样的形势下，有必要对其进行社会控制。

（一）网络舆论暴力对国家的危害

1. 影响国家的稳定、和谐

社会存在决定社会意识。虽然网络是虚拟的，但是网络舆论暴力的发生和发展终究不能脱离现实而存在。网络舆论暴力是把现实中也许很平常的事情放大化，那么，它的影响也是被放大很多倍的。如果不能妥善处理网络舆论暴力事件，就会导致相关政府机关和职能部门无法开展正常工作，影响政府履行自身职能，进一步影响社会的稳定、和谐。

2. 对国家的法律造成冲击

很多网络舆论暴力事件发展到最后，网民们其实都不是希望相关事件依法去解决，而是对事件当事人进行"道德审判"。然而，这种"道德审判"所依据的只是网民们自以为合理的道德标准，这种标准往往和法律的标准大相径庭。即使很多相关事件按照法律的途径进行解决，网友们也试图对司法进行干预，最后导致事件的结果并非法律途径下应当给予的结果，这就对国家的法律造成了很大的冲击。

（二）对社会的危害

1. 挑战道德标准

网络舆论暴力行为的频繁发生，会影响网民的价值观。在日常生活中，人们的道德观念、价值观念无时无刻不在影响他们的行为和处事方式。社会的普遍价值观会影响个体的价值观，进而影响个体的行为。网络舆论暴力冲击人自

身的防卫系统，原本符合社会伦理和道德意识的价值观在网络舆论暴力的冲击下会被扭曲。[4]在网络舆论暴力事件中，网民们披着道德的外衣，做着违反道德的事，而且认为自己没有任何过错。长此以往，将会形成人们在思想上的混乱，不知道怎样做是合乎道德标准的。

2. 造成网络环境混乱

近年来，互联网已经成为我国社会各阶层利益表达、思想碰撞、情感宣泄的重要舆论渠道。但是，网络舆论暴力事件的屡屡出现使得网络媒体的权威性和可信度受到质疑，造成公信力的丧失。许多网上跟帖没有经过证实就被夸大其词，这已经成为通病。[2]在这样的情况下，整个网络环境是混乱不堪的。

（三）对个人的危害

1. 损害个人的权利

首先，对于事件当事人来说，他们的个人信息在互联网上被网友公开后，毫无隐私所言。他们被无数的网友谴责、辱骂，甚至这种攻击直接被延伸到了现实当中，他们不仅要承受精神上的重压，还要遭受现实中的人身以及财产安全的威胁；其次，对于参与网络舆论暴力事件的网民来说，他们无所顾忌地滥用法律赋予他们的言论自由的权利，实质上却是对自己拥有的这项权利的损害。因为自由不是绝对的，他们按照自己的意愿追求绝对的自由，结果将会失去自由。

2. 容易出现信任危机

纵观网络舆论暴力事件，我们可以发现，很多事件其实是不真实的，信息在传播的过程中出现了失真的现象。例如，风风火火的"史上最毒后妈"事件，最后被证实事实与网友们所说的天差地别。在这样的情形下，人们会产生疑惑，究竟什么样的信息是可信的？由一开始对网络的不信任，扩大为对整个媒体的不信任，最后甚至是对国家的不信任。

三、网络舆论暴力的社会控制

所谓社会控制，就是通过各种社会或文化的手段对个人或集体的行为进行引导和约束，使其符合社会传统的行为模式，以维持社会秩序的过程。[5]为了净化网络环境，使网络行为有序化，必须对网络舆论暴力进行社会控制。笔者将从组织、法律和文化三方面着手进行分析。

（一）组织控制

1. 加强行业自律，充分发挥"把关人"作用

网络并非是一个完全虚拟的世界，它是现实社会在网络中的反映。网络上的信息也应注重真实性和全面性，网站作为网络媒介的主要把关人之一，要肩负起对信息把关的职责，提供事实情况和意见，不因私利而片面报道和隐匿事实。网站把好关，充分发挥其"把关人"的作用，可以为网络舆论暴力的产生设置一道强有力的保护屏障。

2. 充分发挥传统主流媒体的引导作用

传统媒体受规章制度的约束，一直以真实性和客观性为准则，因此积累了权威性和公信力。其工作人员大多是专业的新闻人，这一资源可以在应对网络舆论暴力中有效利用。在网络舆论中，传统主流媒体要运用其优势，及时跟进事态，公正客观地报道真相，用权威的声音消除不理性因素，传播主流价值观，引导人们的舆论走向，更好地发挥媒体的社会监督及文化传递功能。

（二）法律控制

1. 立法控制

法律具备权威性，是控制网络舆论暴力的一种有效手段。目前，我国针对网络的立法并不全面，而且现有的一些法律法规也都是过时的，跟不上如今网络发展的速度，导致像网络舆论暴力这类新事件发生时难以找到相应的法律法规去解决。网络舆论暴力往往是以侵犯当事人的隐私，甚至是骚扰当事人的生活为主要特点，无论是言语上的暴力，还是行为上对于个人人身和隐私的侵害，都已经违法。这样的状态下，政府必须要加强对于个人隐私权的立法保护，特别是要有针对网络的立法。让网民意识到即使是在虚拟网络中的言行，只要侵害了个人隐私、造成了对当事人的侵害，一样需要付出代价，受到相应的惩罚。

2. 执法控制

有了相应的法律法规，如果不能严格地按照法律法规相关规定对违法者进行相应的惩处，法律法规就会形同虚设，当事人依旧无法维护自己的合法权益，而网民们依然会我行我素，这样立法就相应的失去了意义。所以，国家在制定了针对网络的相关法律法规后，还要建立一支强有力的执法队伍。这支队伍要严格按照法律法规的规定，对违法的网民给予相应惩处，让他们真正意识到权利和责任是对等的，从而对自己的言论与行为进行约束。这样才能营造一个健康、和谐的网络环境。

（三）伦理道德控制

对网络舆论暴力的伦理道德的控制，是通过培养和树立个体有意识的自我约束心理机制，培育网民的自律精神来实现对他们思想和行为的调控，从而控制网络舆论暴力的发生。进行伦理道德控制的手段主要有：

1. 加强网络社会的道德教育

网络舆论暴力事件的产生是网络社会道德失范的几种反映，虚拟世界的道德失范又会对现实社会的道德水平产生消极影响。[2]因此，加强网络社会的道德教育是必须的。网络社会的道德教育过程包括提高道德认识、陶冶道德情感、确定道德信念、锻炼道德意志和养成道德习惯五个环节。为了使道德教育过程的这五个环节有序地进行，需要采取的基本方式主要是从家庭教育、学校教育及社会道德教育入手。通过对网民进行道德教育，有效地提高网民自觉抵制网络舆论暴力的能力，做到不发动、不参与、不支持和不受害，让他们在网络活动中发挥主力军的作用，正向引导舆论，从而形成积极向上的网络社会氛围。

家庭教育中，父母要通过言传、身教的方式，潜移默化地灌输给子女正确的网络道德观念，使他们形成正确的网络道德意识。学校要将网络知识的传授与对学生进行网络道德教育进行有效结合，将提高学生的网络道德素质作为学校教学过程中的一项重要内容。要让学生认识到网络交往也会存在违背社会道德规范的现象，所以广大网民要严格遵守社会道德规范。社会要通过报纸、杂志、广播、电视、网络、文学作品、艺术作品等对社会成员进行认知引导、榜样示范，使社会成员的道德行为符合社会要求。

2. 通过社会道德评价形成道德舆论场

道德评价是依据一定社会或阶级的道德标准，对他人和自己的行为进行善恶、荣辱、正当或不正当等道德价值的评论和断定。通过赞扬、褒奖或批评、谴责，激励人们扬善弃恶。社会道德评价的各种形式都会在一定的范围内形成某种道德舆论场，人们普遍具有归属需求和趋利避害的本性，所以他们在遇到道德评价时，都会对自身的行为进行调适，使其符合社会的客观要求。因此，对网络舆论暴力行为进行社会道德评价，形成道德舆论场，对于网络舆论暴力行为的控制是有效的。

参考文献：

[1] 熊欣，李玲. 反思网络舆论暴力的成因 [J]. 青年记者，2008：64.

［2］周霞.论网络舆论暴力的伦理规制［D］.北京：北方工业大学，2014：23.

［3］邓晓霞，王舒怀.对"网络舆论暴力"说"不"［N］.人民日报，2007，8（10）：16.

［4］刘艳.网络暴力问题的危害、成因及预防［D］.金华：浙江师范大学，2013：29.

［5］李建勇.社会学［M］.北京：中国政法大学出版社，2005.

铸牢中华民族共同体意识背景下公安院校育警体系建设研究

苏和生

摘　要：在铸牢中华民族共同体意识背景下，公安院校必须毫不动摇地坚持党的领导，必须坚持不懈地用中国特色社会主义理论体系和习近平总书记在中央民族工作会议上重要讲话精神武装头脑、教育学生、指导工作，要从提高教师政治站位，牢牢把握思想根基，加强教学建设；发挥学生管理优势，培养忠诚核心卫士，加强管理建设；坚定理想信念教育，巩固思想文化阵地，加强环境建设等方面继续加强公安院校育警体系建设，进一步加强铸牢中华民族共同体意识教育。

关键词：铸牢中华民族共同体意识；育警体系；教学建设；管理建设；环境建设

公安院校是培养公安事业后备力量的主阵地，肩负着培养党和人民忠诚卫士的重大使命。公安院校始终把党的政治建设摆在首位，把讲政治作为第一要求，把践行"两个维护"作为"纲"和"魂"，使党的绝对领导、全面领导贯穿办学治校各领域，贯穿教育教学各环节，融入人才培养各方面。在铸牢中华民族共同体意识背景下，公安院校必须毫不动摇地坚持党的领导，必须坚持不懈地用中国特色社会主义理论体系和习近平总书记在中央民族工作会议上重要讲话精神武装头脑、教育学生、指导工作。坚持把讲政治作为第一要求、把讲忠诚作为第一标准，确保在任何时候任何情况下都坚决听从习近平总书记命令、服从党中央指挥。结合学院实际，按照"三全育人"要求，从三个方面谈铸牢中华民族共同体意识背景下公安院校育警体系建设。

一、提高教师政治站位，牢牢把握思想根基，加强育警体系教学建设

公安院校教师既是人民教师、又是人民警察，一肩挑着学生的希望、一肩挑着公安事业的未来，责任重大、使命光荣。新时代教师要增强政治育人、立德树人、文化养人的荣誉感和责任感，及时感知把握新时代人民群众对民主、法治、安全、环境等方面的新需求新期盼，切实把"以学生为中心"的思想贯穿到公安人才培养和教育的全过程各环节，把"学为人师、行为世范"作为永恒追求。

（一）加强课堂教学建设，提升民族工作水平

每位学生入学时都是拥有梦想的好苗子，学生们期待着学到知识、开阔眼界，每一堂课都至关重要。内蒙古是全国五个自治区之一，学生毕业后大部分面向农村、牧区，他们脚踏草原心系百姓，是忠诚的"草原卫士"、是党的政策宣传者、是中国特色社会主义理论体系的播种机。在校生学习掌握"三懂三会"措施即"懂民族心理、懂民族习俗、懂群众期盼、会与不同民族群众打交道、会调处化解各类矛盾纠纷、会在特殊的环境下执法办案"。加强民族风俗习惯等内容的教育培训，要求每位学生都熟记于心，灵活运用，学会与群众打交道、交朋友，要推广普及国家通用语言文字，尊重和保障少数民族语言文字学习和使用。强化实践训练，通过参加警务实战、实习实训、志愿服务、警民共建、仪式教育等活动，使学生在实践中锤炼作风、铸造忠诚品质。

大学阶段是学生人生的"拔节孕穗期"，是铸牢中华民族共同体意识的关键定型期，扣好、扣紧民族地区公安院校学生中华民族共同体意识的扣子，将铸牢中华民族共同体意识贯穿在教育教学工作的始终。着力形成课上与课下、校内与校外、理论与实践、公安院校与实战单位相结合的课程教学体系。及时解读习近平总书记最新重要讲话精神，及时反映公安民族工作新成果新经验新成效，确保紧贴时代、常建常新。

（二）加强教师队伍建设，提升师资队伍素质

在学院高质量发展过程中，学院着重强化各民族教师的专业技能和实践教学能力的培养，不断造就一批高水平的学科带头人和有影响力的名师教学团队。坚持人才强校战略，建设"双师型"教师队伍，培养"双带头人"，努力引进一批高层次教师；根据专业建设需要，建立"传帮带"机制，加大对青年骨干教师的培养力度，鼓励各民族中青年教师到中国人民公安大学、中国刑事警察

学院等高等院校深造，努力培养一批高素质教师；规划设置思政课兼职教师，遴选部分学有所长的党政领导干部、辅导员、专业课教师承担部分思政课的授课任务，集中备课、研讨，努力吸收一批实战经验丰富的校外教师。

全方位多角度提高教师学术水平和道德修养，充分利用人才智力优势、理论创新优势和调研咨询优势，更新教育理念，完善知识结构，创新教学方式，坚持教书和育人相统一、言传和身教相统一、潜心问道和心系社会相统一、学术自由和学术道德相统一，做到真学、真懂、真信、真用，提供给学生有滋味、有思想的真道理、真方法，真正按照习近平总书记对人民教师提出的要求，做到有理想信念、有道德情操、有扎实学识、有仁爱之心。

学院依托铸牢中华民族共同体意识总体要求，组建各民族师生参与、多学科交叉、多部门协同的教学创新团队，围绕中华民族形成和发展史、中华民族共同体、中华民族伟大复兴等内容，深入开展理论研究和实践探索，打牢中华民族共同体意识理论基础。学院分别举办了《铸牢中华民族共同体意识》专题培训班和《习近平总书记铸牢中华民族共同体意识的理论创新和实践意义》专题宣讲活动，进一步将铸牢中华民族共同体意识融入日常工作之中。

（三）加强思政课程建设，提升课程思政含量

习近平总书记在全国高校思想政治工作会议上把思想政治工作生动的比喻为"食盐溶解"工程。他强调，好的思想政治工作应该像盐，但不能光吃盐，最好的方式是将盐溶解在各种食物中自然而然吸收。在铸牢中华民族共同体意识背景下，公安院校思想政治教育不能就事论事，孤立地灌输干巴巴的概念、原理、观点和结论，要追求政治性、思想性、趣味性、知识性、故事性、艺术性与生动性的有机统一，融枯燥的理论于生动的课堂教学之中，有效引导学员坚定理想、志存高远，为国家富强、民族复兴和公安工作繁荣发展不懈奋斗。

紧密结合公安院校办学定位和人才培养目标，紧密结合青年学生的思想实际和现实关切，不断丰富教学内容、创新教学方式，健全相关课程体系，切实将党的十九大和十九届二中、三中、四中、五中、六中全会精神和习近平新时代中国特色社会主义思想以及铸牢中华民族共同体意识教育融入课堂教学。推进具有公安特色的思想政治理论课程建设，课堂教学时要更加注重强化理论基础，把思想政治教育镶嵌到每一堂课程中，加大铸牢中华民族共同体意识教育的含量，确保基础课、专业课、警体课、实训课与思政课同向进行，形成协同合力，提升教育教学整体效果，让理论力量、信仰力量在潜移默化中生成。

二、发挥学生管理优势，培养忠诚核心卫士，加强育警体系管理建设

学生管理要牢固树立"以学生为中心"的育人思想，始终坚持学生主体地位，始终围绕学生、关心学生、服务学生，把以学生是否高兴、是否满意、是否赞同作为检验育警体系管理建设工作的基本标准，把提高学生的思想认识和解决生活实际问题相结合，让每一名学生在需要帮助时都能感受到警院的温暖，让每一名学生在接受教育中都有实实在在的获得感。

（一）旗帜鲜明，做好培养人

习近平总书记在党的十九大报告中提出："要全面贯彻落实党的教育方针，落实立德树人根本任务，发展素质教育，推进教育公平，培养德智体美全面发展的社会主义建设者和接班人。"公安教育是公安工作的重要组成部分，是加强公安队伍建设的源头和基础。在铸牢中华民族共同体意识背景下，加强和改进公安院校思想政治工作直接关系到公安院校"培养什么人、如何培养人、为谁培养人"这一根本问题，事关公安队伍整体素质和战斗力。学生管理人员要旗帜鲜明讲政治，始终牢记公安姓党的政治属性，明确公安姓党是对公安机关性质、地位和作用的科学定位，是做好公安工作必须长期坚持的根本原则，是一条政治红线。坚持党对公安工作的绝对领导，确保在任何时候任何情况下都坚决听党指挥，始终坚持，永远不会变、永远不会丢。

（二）主动作为，做好宣讲人

学生管理人员与学生联系密切，要积极主动承担铸牢中华民族共同体意识教育责任，为学生学习贯彻党的十九大和十九届二中、三中、四中、五中、六中全会精神提供指导。将铸牢中华民族共同体意识教育融入到点名、谈话、党员发展培养中。要着力培育学生献身理想使命的信念信心，培养学生适应公安事业需要的素质本领，锤炼学生敢打必胜的意志品质，努力使他们成为"政治过硬、业务过硬、责任过硬、纪律过硬、作风过硬"的公安事业接班人。深化马克思主义特别是当代中国马克思主义、21世纪马克思主义研究宣传，用马克思主义理论武装头脑，提高马克思主义理论水平和辨别是非的能力，注重对青年马克思主义者的培养、指导，更好地发挥理论学习的骨干引领带动作用，促使学生不断掌握新知识、熟悉新领域、开拓新视野。

（三）尽职尽责，做好管理人

以习近平总书记向中国人民警察队伍授旗仪式上的重要训词精神和"四句

话、十六字"总要求以及在中央民族工作会议上重要讲话精神丰富和完善警务化教育管理体系，进一步加强理论研究，丰富拓展内涵效能，健全完善标准要求，提升警务化建设水平。把思想政治工作和育警体系管理建设工作结合起来；把立德树人、规范管理的严格要求和春风化雨、润物无声的灵活方式结合起来；把警务化管理与铸牢中华民族共同体意识教育结合起来，针对不同年级、层次和类别将警务化训练列入培养计划，编制教育训练大纲，加强在校评价考核。要大力加强品德教育，着力培养学生的创新精神和实践能力，提高理论联系实际的水平，提高工作能力，经常进行自我反省、自我批评、自我教育，最终不断完善自己，提高为人民服务的本领，促进学生全面发展。

三、坚定理想信念教育，巩固思想文化阵地，加强育警体系环境建设

习近平总书记在参加十三届全国人大四次会议内蒙古代表团审议时，对党史学习教育提出明确要求，强调特别是要在坚持走中国特色解决民族问题正确道路、维护各民族大团结、铸牢中华民族共同体意识等重大问题上不断提高思想认识和工作水平。牢记初心使命，坚定理想信念，践行党的宗旨，凝聚"建设亮丽内蒙古，共圆伟大中国梦"的合力。

（一）加强党史学习教育，巩固意识形态阵地

以史为镜，可以知兴替，以人为镜，可以知得失。历史不会忘记，叩开时间之门，翻阅过往的辉煌篇章。中国特色社会主义不是从天上掉下来的，而是在改革开放40余年的伟大实践中得来的，是在中华人民共和国成立70余年的持续探索中得来的，是在我们党领导人民进行伟大社会革命百年的实践中得来的，是在近代以来中华民族由衰到盛发展中得来的，是党和人民历尽千辛万苦、付出各种代价取得的宝贵成果。

学习先辈历史、学习公安英雄模范，铭记走过的路、铭记倒下的人。自觉抵制不良思想的侵蚀，大力弘扬民族精神和时代精神，加强爱国主义、集体主义、社会主义教育，传承红色基因，弘扬吃苦耐劳、一往无前的"蒙古马"精神，培养坚定中国特色社会主义信念和崇高的爱国主义情怀，坚持正确的中华民族历史观，增强对中华民族的认同感和自豪感。

（二）加强理想信念教育，构筑共有精神家园

人民有信仰，国家有力量，民族有希望。习近平总书记深刻指出，"青年一代有理想、有本领、有担当，国家就有前途，民族就有希望"。党组织通过主题

班会、主题团日活动、入警宣誓仪式、知识竞赛、报告会、辩论会、座谈会等形式多样的活动提高学生的政治觉悟，强化学生学习领会习近平总书记系列重要讲话精神和治国理政新理念新思想新战略，增强学生忠诚核心、维护核心、拥戴核心、捍卫核心的思想自觉、政治自觉和行动自觉，筑牢理想信念之基。不断加强公安院校理论阵地、文化阵地和舆论阵地建设，开设相应讲座专题，及时将核心思想、精神要义融入讲座，营造浓厚的育警氛围。

构筑中华民族共有精神家园，使各民族学生人心归聚、精神相依，形成人心凝聚、团结奋进的强大精神纽带。构建铸牢中华民族共同体意识宣传教育常态化机制，纳入干部教育、党员教育、课堂教育体系，处级干部包联学生区队进行民族团结教育，利用课堂和晚自习等多种平台，广泛开展典型宣传和学习活动，始终如一呵护好"模范自治区"崇高荣誉。

（三）加强传统文化教育，搭建交流交融平台

胸藏文墨虚若谷，腹有诗书气自华。日常教育教学中注重文化育人，运用新媒体新技术创新工作模式，润物无声地给学生以人生启迪、智慧光芒、精神力量。回顾历史、立足现在、展望未来，时刻牢记中华传统文化，牢记习近平总书记嘱托，让传统文化重现光芒。以更加坚定的文化自信、高度的文化自觉，主动作为，勇于担当，发挥社会主义核心价值观对学员教育、精神文化的引领作用，让社会主义核心价值观在警院落地生根。使同学们形成正确的金钱观、义利观，形成符合新时代发展要求的价值观念和道德观念，形成体现新时代中国精神的共同追求。

公安院校要开展富有民族文化特色的交流活动，搭建各民族师生交往交流交融平台，打牢学院师生中华民族共同体的情感基础和实践根基，促进各民族学生广泛交往交流交融、守望相助、手足情深；促进在理想、信念、情感、文化上的团结统一；促进广大学生更好接受科学文化知识、提高就业能力和融入现代社会。设立具有马克思主义中国化意义的社团，促使学生自觉学习，自发地融入集体中。举办思想政治兴趣班，招募有志青年加入，吸引更多的学生参与其中，一批人带动一批人。

铸牢中华民族共同体意识教育要持之以恒，不能后续乏力。不能高兴搞一阵风，雨过湿地皮，更不能狗熊掰棒子，掰一个扔一个。教师和学生管理人员要两手抓，两手都要硬。一方面要坚持依法治理学院民族工作事务，推进学院民族工作事务治理体系和治理能力现代化。另一方面要以铸牢中华民族共同体意识为新时代党的民族工作的主线，推动各民族坚定对伟大祖国、中华民族、

中华文化、中国共产党、中国特色社会主义的高度认同，不断推进中华民族共同体建设。将在铸牢中华民族共同体意识教育中形成的新机制、新内容、新方法，用制度、规范的方式加以固化，实现规范化、制度化、常态化。

公安院校要始终坚持社会主义办学方向，要严格落实全面从严治党、全面从严治警的各项要求，不断增强遵守政治纪律、政治规矩的思想自觉和行动自觉，确保绝对忠诚、绝对纯洁、绝对可靠。坚决贯彻"对党忠诚、服务人民、执法公正、纪律严明"总要求，切实提高政治判断力、政治领悟力、政治执行力，立足自治区公安工作、公安队伍建设和学院工作实际，突出边疆民族地区公安院校特色，创造性地开展工作，把铸牢中华民族共同体意识教育贯穿于育警体系建设全过程，努力培养锻造更多合格的"两个屏障"的忠诚卫士，牢固建设祖国北疆安全稳定屏障。

提高高校校园文化建设实效性研究
——论校园文化的育人功能

高 鹏

摘 要：高校校园文化是大学生群体所特有的"文化标签"。校园文化包括物质文化、精神文化和制度文化三个方面，对学生的德育形成和发展具有不可替代的作用。校园文化建设得好，可以达到人与环境的和谐统一，产生互动效应，是学校培养学生德育的最好方式。在校园文化建设过程中，要充分发挥教师和学生的作用，只有教育者和被教育者参与到校园文化的建设之中，良好的学风、教风、校风才会形成，才能使学生从中获得成功的发展。

关键词：校园文化；物质文化；精神文化；制度文化；德育

中共中央、国务院《关于进一步加强和改进大学生思想政治教育的意见》中指出："校园文化具有重要的育人功能，要建设体现社会主义特点、时代特征和学校特色的校园文化，形成优良的校风、教风和学风。大力加强大学生文化素质教育，开展丰富多彩、积极向上的学术、科技、体育、艺术和娱乐活动，把德育与智育、体育、美育有机结合起来，寓教育于文化活动之中。"教育就是传播文化，校园文化活动是学生参与最直接、体验最生动的教育形式，一定要把握好校园文化活动的导向，要坚持用优秀的作品教育人，用高尚的情操影响人，用活泼的方式吸引人。在校园文化活动建设中，坚持以教育者为主导，以学生为主体，以各种科学、健康、文明的教学活动和文化氛围为主要内容，融合和谐文化。

校园文化是指学校在长期的办学实践中，由师生员工共同创建、信奉、遵循的、具有学校特色的校园精神、心理状态、思维方式、价值取向、行为准则等精神成果的总和。它包括物质文化、精神文化和制度文化。校园文化建设是全面实施素质教育的有效载体，大力加强和建设校园文化是学校管理的一个重要内容。现代教育，注重人文主义思想，重视人的个性发展，使人和环境达到和谐统一，人和环境产生一种互动效应，无疑是一种最好的教育方式。教育环境要达到内在和外在的和谐统一，也就是让环境陶冶人的性情，使受教育者产生一种内在的感化。因此校园文化建设对学生良好品德的形成具有积极的影响力。

一、校园文化的内涵与德育的关系

文化是一个复杂的综合体。它是人类在社会发展过程中所创造的物质财富和精神财富的总和，包含着观念、知识、信仰、艺术、法律、道德、习俗以及其他一切作为社会成员的个人所应具备的能力和习惯。而校园文化则是依附和从属于社会大文化的一种亚文化现象。它是教育者依据社会的要求，按照既定教育目的和学校目标创设出来的，在教育者自觉控制下优化的、形象的典型环境，是一所学校的性质、个性和精神面貌的集中体现。具体说来，校园文化主要指全体学生与教职员工直接参与和创造的精神财富，主要指全体师生在教育、生活与劳动中以自娱自乐为主要目的而进行的各种文化活动。

从社会学角度来说，校园文化能规范学校成员的思想行为，赋予学校以活力机制，进而促进整个社会文化的发展。从文化学角度看，校园文化既是物质的，也是精神的，既包括科学知识，也包括审美、娱乐等文化知识；既包括课堂学习，也包括课余活动。从学校自身来说，教育不单纯是一种知识简单的传授，还有文化气质、道德风貌、人文环境、科学氛围等等。这是一个朴实、和谐、统一的有机体，仅靠知识的传授是很难达到的。所以要通过校园文化潜移默化的作用，达到培养学生德育发展的效果。

对学校的德育来说，校园文化与学校德育工作存在着一种密切与辩证的关系。一所学校的校园文化对学生的德育影响是毋庸置疑的，而且是深刻的具有内化力的影响，它把德育的教育思想、理念、教育意图变成一种精神融于文化氛围中，并对学生出神入化地进行教育，这是一种高超的德育艺术，其高超之处就在于一切尽在不言中，不留痕迹的教育方式。它绝不是盲目的在发挥作用，而是一种有目的有意识的行为。德育的文化建设功能也是显而易见的，它发挥着传递道德文化、政治文化的作用，它传递一种世界观、人生观、价值观以及各种理性形态的文化，如情感、态度、信仰等，德育在构建校园文化的整体反应过程中发挥着重要功能。

二、校园文化的功能与德育的联系

校园文化的德育功能，主要集中体现在优化育人的环境上，它与其他途径不同之处在于它的文化影响和文化行为实践。文化影响最大的特点在于它潜移默化地、有意识地影响、同化着环境中的每一个人，人们都自觉与不自觉地经受着这种文化的熏陶，一个学校特有的精神、传统、作风、团体氛围、群体士气同化与雕刻着每一个成员，并由每一个个体予以自觉地传递和传播，从而更加强化并形成"势力"。在校园文化的作用下，学校的每一个成员都带有学校文化的痕迹或缩影，这是校园同化作用所致。而校园文化的行为实践，主要通过生动活泼、富有吸引力的活动来达到德育的目的，而不是通过生硬地说教灌输，它寓教于各种喜闻乐见的文化实践中。如学校开展的各类"主题班会""专题讲座""知识竞赛""校园艺术节"等。从心理学角度来说，校园文化的功能还体现为一种无意识的教育过程，学生在有意识地接受外部信息时存在一种心理上的准备状态，这时表现为排斥和逆反，而校园文化的育人作用可贵之处在于它最大限度地消除了这种不良心理，使受教育者在无任何心理抵触中接受教育。可见，校园文化的德育功能，对学生德育发展发挥着导向、陶冶、规范的作用。

（一）明确的导向功能

校园文化环境对受教育者思想品德的形成和道德素养的提高，有着引导、激发和鼓励的作用。校园的布局和各种设施的布置，都是按照一定的教育要求来设计的，是教育的物化形态。因而对受教育者具有导向作用，学校根据自身发展的需要而进行的画廊、雕塑、校园美化及其他各种艺术性的环境布置，都是应受教育者亲历教育活动的要求发展而规划和设计的，对于学生具有鲜明的行为指向作用。学校的教育思想、教育目标和规划以及校训、校风等，对学生个人乃至整个学校精神面貌的形成和健康发展，都具有积极的激励、鼓励作用。

（二）积极的陶冶功能

校园文化的核心是校园精神。这种校园精神就是全体师生员工的精神面貌，它体现在校风、教风、学风以及师生员工的工作作风和生活作风等各个方面，是校园文化的灵魂。这种精神是无形的，没有强制力，但在校园文化建设中它无所不在，对学生起着潜移默化的作用。学生思想品德的陶冶，主要是通过环境的创设和各种有意义的教育活动的开展，使学生在其中受到感化熏陶。因此，教师的道德品质和思想意识以及教师在课堂内外的言语举止、优美的校园环境和良好校风，对学生良好道德品质的形成具有积极的影响作用，而积极向上的班级舆论和丰富多彩的主题教育活动，更有利于学生集体主义思想的形成和发展。

（三）严格的规范功能

校园文化环境对学生的道德发展，具有教育内驱力作用，它制约受教育者的思想和行为。在一个整洁、优美的校园环境里，学生的言行就会受到约束，似乎有一种无声的命令时刻提醒他们：不能乱丢纸屑；不能随地吐痰；不能大声喧哗。如果教室内外的环境符合教育的要求，就会很大程度上抑制一些不文明、不道德、不健康的言行出现。积极健康的集体舆论，对学生的思想、行为具有明显的约束力。规范的学校升旗仪式、组织严密的学校大型活动，都能使学生受到严格的纪律教育。在这方面我校已形成严格的制度机制，每周一组织全院学生升旗仪式；每月的第一个周一组织全院师生升旗仪式。把爱国主义教育、未来人民警察的职业神圣感和全院师生的凝聚力有效的结合在一起。因此，在学校校园文化建设中：一方面要健全各种规章制度，使之具有科学性、思想性和教育性；另一方面要规划和建设好校园建筑布局，搞好各种设施文化和校园的净化美化，促使学校的各种软硬件建设都具有广泛的约束力。

鲜明的行为导向，积极的情操陶冶和严格的规范约束，校园文化建设所表现出来的德育功能，并不是相互孤立的，它是一个有机的整体，相互联系并共同发挥着感染和教育学生的积极作用。在任何一所学校，这些校园文化建设的德育功能都是客观存在的，学校要根据自身的特点，结合自身的实际，使校园文化的主体体现优秀的思想道德、创新的智力能力和良好的人格气质，使校园文化建设的德育功能不断强化和升华。

三、创建以德育人的校园文化氛围

校园文化是社会主义精神文明在学校的体现，是一所学校独特的精神面貌。作为学校的教育内容，校园文化是一个系统的工程，其包括物质文化、精神文化、制度文化等。我校的办学理念是：培养适应社会主义市场经济形势，从事公安政法工作的实用型人才。在校园文化建设上是以"围绕学生的德育发展"为主题，以"忠诚勤奋、求实创新"的学校精神为指导进行的，它肩负着学生成功发展的基础。而如何促进学生在德育方面的成功发展，我们在教育教学的实践中进行了探索实践：一是育人的物质文化建设；二是丰富的精神文化建设；

三是规范的制度文化建设。

（一）创建审美化的校园物质文化环境

康德提出："美是道德的象征"。校园物质文化环境，是指校园内的有形建筑物、教学科研仪器设备、图书馆、校训牌、标志雕塑、宣传橱窗等。它是校园物质文明建设的成果，也是精神文明建设的外在反映。校园文化中作为物质形态的隐性课程对学生品德形成的影响是持续不断的、自然而然进行的，因此，物质形态的德育课程必须按照美的规律来设计和创造，才能发挥应有的作用。在美丽的校园环境中欣赏美、体悟美，会得到更多的愉悦，强化和升华道德情感。高尔基说："美学是未来的伦理学"，审美化的校园物质文化环境通过客观现实对学生心理产生影响，实现环境育人的目的。应成为学校校园文化刻意追求的目标。

（二）创建审美化的校园精神文化

校园精神文化是指师生员工共同创建和遵循的价值观念、价值体系、行为准则和价值取向。如校风、校貌、校训等文化因素，教职员工的思想意识、价值观念、理想信念和思维方式以及良好的人际关系等等，这是隐性精神形态的德育课程。它与学校培养人才的目标相联系，以培养"四有"新人为核心内容，表现为学生内在的、信念化的、积极向上的群体意识；坚定正确的办学方向；强烈的社会责任感；又红又专的成才目标。集中反映为不懈努力向上的自强不息精神；敬业守道的献身精神；实事求是的科学精神；团结协作的集体主义精神；艰苦奋斗的拼搏精神；开拓进取的创新精神。校园精神像一种无形的模具引导着人才的塑造，创设激发学生道德需求的校园精神文化氛围对道德教育有积极影响。

（三）创建完善的校园制度文化

校园制度文化是指学校的校纪校规、教学管理、学生管理、校园管理、宿舍管理、奖罚等各种规章制度。建立、健全、完善科学合理、规范的校园制度文化，是学校科学管理、严肃纪律、约束与规范学生的行为铸成良好行为习惯的重要管理机制。良好的校园制度文化为大学生评价自己的道德品质、行为规范、人格形象提供了衡量的标准。使学生能自觉地约束规范自己的行为，从而维护了校园的管理和秩序。

综上所述可知，校园文化建设是学生德育发展的一个重要组成部分，渗透于学校的教学、科研、管理、生活及各种校园活动等方方面面，校园文化在学校教育中有着广泛而深刻的内涵，直接影响着学校教育的目的和效果，影响着学生德育发展的成败。高校校园文化建设是学校全面发展和提高的基础条件和丰厚土壤，是学校实现腾飞的平台和支点。而为人师表的教师群体必须在校园文化建设中积极参与并充分发挥主导作用，才能引导校园文化建设沿着正确的方向并向高层次发展，将学生培养成为既具有良好的专业知识和文化素质，又具有良好的思想品德、身体素质和心理素质的"四有"新人，使学校成为社会主义精神文明建设的重要基地，使学校不辜负社会和历史所赋予的神圣使命。

第二篇 **02**

| 思政课程篇 |

公安院校思政课教育之于
大学生全面成才的现实着力点

武 静

摘 要：公安院校是为公安事业输送合格人才的摇篮，思政课要切实发挥主渠道主阵地作用，必须在新时代找准大学生全面成才的现实着力点，让预备警官成为德才兼备、全面发展的人才。本文从推动十九大精神贯穿思政课教学全过程，坚持政治建警首位理念——使公安院校大学生凝聚共识明确方向；贯彻"四句话、十六字"总要求，坚持忠诚警魂塑造——使公安院校大学生勇于担责忠诚使命；关注时事明晰社会热点，坚持与时俱进答疑解惑——使公安院校大学生明辨是非，"三观"正确。这三个"着力点"实施使公安院校大学生坚定正确方向，切实筑牢忠诚警魂，努力成长为担当中华民族复兴大任的时代新人。

关键词：思政课；预备警官；全面成才；着力点

党的十九大报告指出，我国发展新的历史方位是中国特色社会主义进入新时代，在这个新时代，公安院校思想政治理论课肩负着更加艰巨的任务。习近平总书记在全国高校思想政治工作会议上指出：思想政治工作从根本上说是做人的工作，必须围绕学生、关照学生、服务学生，不断提高学生思想水平、政治觉悟、道德品质、文化素养，让学生成为德才兼备、全面发展的人才。党的十九大强调立德树人根本任务是教育系统坚持和发展中国特色社会主义的核心所在，思想政治教育的根本任务是解决"德"的问题，因此学校是立德树人过程的关键环节并具有不可替代的重要作用。大学生全面成才首先要解决的问题就是树立正确方向，方向对了，才有可能成才，只有理论上的清醒和坚定，才能保证政治方向的坚定。习近平总书记多次强调，理想信念是共产党人精神上的"钙"，没有理想信念或者理想信念不坚定，精神上就会"缺钙"，就会得

"软骨病"。坚定的理想信念是政法队伍的政治灵魂，必须把理想信念教育摆在政法队伍建设第一位。面对多元社会信息时代的冲击和挑战，公安院校要加强阵地建设，思想政治理论课要与时俱进、增强成效，政治理论课教师要站稳讲台，主动抓牢意识形态的话语权，坚定大学生正确方向，不断提高大学生综合素质，努力使其成长为担当中华民族复兴大任的时代新人。

一、推动十九大精神贯穿思政课教学全过程，坚持政治建警首位理念

理论水平决定走多远，政治素养决定走多稳。新时代社会思想多元多变日趋明显，各种思想交流交锋更加频繁，必须用理论武装来统一思想，确保正确的政治方向。习近平总书记关于政法队伍建设"五个过硬"总要求中，首要强调的就是"政治过硬"。2018年初，中央政法委书记郭声琨在中央政法工作会议上强调：要坚持把政治建设摆在首位，把旗帜鲜明讲政治作为根本要求。突出政治标准，最重要的是看政治忠诚、政治定力、政治担当、政治自律，就是要把讲政治、讲信念作为公安职业的第一标尺和根本标准。学习好、宣传好、贯彻好党的十九大精神，是当前和今后一个时期公安院校的首要政治任务。全面贯彻落实党的十九大精神，最根本的就是要高举习近平新时代中国特色社会主义思想伟大旗帜，强化"四个意识"，坚定"四个自信"，坚持不懈地用习近平新时代中国特色社会主义思想武装头脑、指导实践、引领公安工作创新发展。思政课教师必须以强烈的时代责任感和历史使命感，在教学实践中掀起全面学习宣传贯彻落实党的十九大精神的热潮。

（一）以习近平新时代中国特色社会主义思想为统领使十九大精神入脑入心入实践

要深刻学习领会习近平新时代中国特色社会主义思想的精神实质和丰富内涵。要认认真真、原原本本地学习，读懂弄通，深入理解"八个明确"和新时代坚持和发展中国特色社会主义的"十四个基本方略"。习近平新时代中国特色社会主义思想是马克思主义中国化最新成果，是党和人民实践经验和集体智慧的结晶，是全党全国人民为实现中华民族伟大复兴而奋斗的行动指南，必须长期坚持并不断发展。思政课教师自己要先真正深刻领会，才能更好地传达给学生，除了在课堂上有针对性的宣讲，还要通过精心组织开展形式多样、生动活泼、有实效性的学习宣传贯彻十九大精神活动，兴起学习宣传贯彻党的十九大精神和习近平新时代中国特色社会主义思想的热潮。通过组织专家学者开展讲座,强化学习,提高认识。探索"互联网+学习"新模式,通过微信群、QQ群等网络平台开展学习交流活动,提升学习效果。通过课前十分钟读十九大报告原文加深预备警官对十九大报告精神的了解。通过"星火驿站社团"开展宣传活动,让广大预备警官入脑入心,将十九大报告精神转化为实实在在的行动。通过开展校园展板、网络答题、知识竞赛、社团演讲、主题演讲,师生座谈等学习实践活动丰富大学生课余生活,使预备警官在潜移默化中更深刻领悟党的十九大报告精神。在2016级、2017级学生开展的知识竞赛活动中感受到了预备警官的参与热情,检验了预备警官对十九大报告精神掌握情况,取得了良好效果。在十九大代表进校园座谈中,切实体会警院大学生对国家、对社会的关切关心。实践证明开展形式多样、内容丰富的学习实践活动可以有效促进学生对十九大报告精神的掌握,强化大学生对自身提出更高的要求。

(二)以"四个意识"为抓手,突出以习近平同志为核心的党中央权威

2016年1月29日,习近平总书记主持召开中央政治局会议,对加强党的领导提出明确要求,强调只有增强政治意识、大局意识、核心意识、看齐意识,自觉在思想上、政治上、行动上与党中央保持高度一致,才能使我们党更加团结统一、坚强有力,始终成为中国特色社会主义事业的坚强领导核心。"政治意识"是管"立场"的意识,"大局意识"是管"整体"的意识,"核心意识"是管"方向"的意识,而"看齐意识"则是管"目标"的意识。即政治意识保证立场坚定不动摇;大局意识保证局部和整体的协调统一;核心意识保证领导力量的权威、同向同行;看齐意识保证队伍的整齐划一、目标一致。"四个意识"是一个有机的整体,总的目标在于加强党中央集中统一领导,建立强有力的中央权威。公安机关是人民民主专政的重要工具,是党和人民手中掌握的"刀把子",公安机关的性质决定必须旗帜鲜明讲政治,明确"四个意识"是新时代公安工作要求。2018年在全国公安厅局长会议上,公安部党委书记、部长赵克志指出,中国特色社会主义进入了新时代,对党和人民提出了新要求,公安机关要有新担当、新作为。我们必须把"四个意识"贯穿于公安工作全过程,提升政治站位、强化责任担当,忠诚履行好党和人民赋予的新时代职责使命。牢固树立"四个意识",这是对预备警官的内在要求,是预备警官不断提升自己理论修养和综合素质的首要前提。预备警官要不折不扣贯彻中央的路线方针政策,正确认识和维护党和中央工作大局,进一步明确"公安姓公、警校姓警"的基本理念,切实增强"四个意识",不断提高忠诚核心、拥戴核心、维护核心、捍卫核心的政治、思想、行动自觉,坚决维护以习近平同志为核心的党中央权威

和集中统一领导，自觉地在思想上、政治上、行动上同以习近平同志为核心的党中央保持高度一致，任何情况下都能做到政治立场不移，政治方向不偏。

（三）以"四个自信"为重点增强中国特色社会主义的政治认同

习近平总书记强调指出："我们必须把意识形态工作的领导权、管理权、话语权牢牢掌握在手中，任何时候都不能旁落，否则就要犯无可挽回的历史性错误。"旗帜就是方向，引领着未来。十八大以后，习近平总书记多次强调坚定道路自信、理论自信、制度自信，同时他也讲到了文化自信，并在2016年6月29日中央政治局进行的第33次集体学习时，真正第一次把"四个自信"一并提出。在庆祝建党95周年的讲话中，习近平总书记再次强调要坚定"四个自信"。中国特色社会主义道路、理论体系、制度和文化有着共同的实践基础、共同的时代条件、共同的价值取向，它们统一于中华民族伟大复兴的目标、统一于改革开放的实践、统一于人类文明发展的大道。"四个自信"是一个有机统一体，既相对独立，又相辅相成，道路自信是实践途径，理论自信是行动指南，制度自信是根本保障，文化自信是精神力量，四者统一于中国特色社会主义伟大实践。由中央电视台、中国电影股份有限公司联合出品的《厉害了，我的国》截至2018年3月29日统计，自3月2日登陆全国院线以来，票房已经超过4.27亿元，创下国内纪录电影票房和观影人数新纪录，这一数据表明国人对自己国家倾注了更多的关注，震撼于国家的发展，身为中国人的骄傲，更加坚定"四个自信"。预备警官是公安事业的未来，必须高举中国特色社会主义伟大旗帜不动摇，坚定"四个自信"。习近平总书记在不同场合强调，我们比历史上任何时期都更接近中华民族伟大复兴的目标，比历史上任何时期都更有信心、有能力实现这一目标，目前中国已经到了一个需要自信、也能够自信的时代，"四个自信"充分体现了对我国国情的深刻把握、对民族命运的理性思考、对人民福祉的责任担当，是不断夺取中国特色社会主义新胜利的思想基础，是实现中华民族伟大复兴的力量之源。要更加自觉地增强道路自信、理论自信、制度自信、文化自信，既不走封闭僵化的老路，也不走改旗易帜的邪路，保持政治定力，坚持实干兴邦，始终坚持和发展中国特色社会主义。习近平总书记明确指出："全党同志必须牢记，我们要建设的是中国特色社会主义，而不是其他什么主义。历史没有终结，也不可能被终结。中国特色社会主义是不是好，要看事实，要看中国人民的判断，而不是看那些戴着有色眼镜的人的主观臆断。中国共产党人和中国人民完全有信心为人类对美好社会制度的探索提供中国方案。"

二、贯彻"四句话、十六字"总要求，坚持忠诚警魂塑造

2017年5月19日习近平总书记亲切会见全国公安系统英雄模范立功集体表彰大会代表时强调，全国公安机关和公安队伍要坚持党对公安工作的领导，牢固树立"四个意识"，坚持人民公安为人民，全面加强正规化、专业化、职业化建设，做到对党忠诚、服务人民、执法公正、纪律严明。习近平总书记的"四句话、十六字"立意高远、内涵丰富、言简意赅，涵盖了公安工作和公安队伍建设的方方面面，是一个相互联系、相辅相成的有机统一体，对党忠诚是建设政法机关的政治灵魂，服务人民体现了政法机关的根本宗旨，执法公正体现了政法工作的价值取向，纪律严明是建设政法机关的重要保证。公安部部长赵克志向全国公安机关和广大公安民警提出明确要求：深入践行习近平总书记提出的"对党忠诚、服务人民、执法公正、纪律严明"总要求，牢牢把握深化依法治国实践新部署，不断提高公安工作法治化水平和公安机关执法公信力。"四句话、十六字"成为指引新时期公安工作和公安队伍建设的精神旗帜，是新形势下公安事业发展方向的战略指引，是公安院校培养预备警官履行职责使命的根本遵循。

（一）加强忠诚教育，确保政治坚定、站位准确

对党忠诚是政治灵魂，决定着公安机关的政治站位，指明公安队伍的政治方向，体现着政治建警的根本方针，是公安队伍第一位的政治要求，我们必须坚持党对一切工作的领导，党政军民学，东西南北中，党是领导一切的。广大预备警官必须让"公安姓党"的理念深入警心。坚决拥护中国共产党的领导核心，坚决听从党中央和习近平总书记指挥，维护党中央权威，坚决捍卫中国共产党领导和中国特色社会主义制度，自觉做共产主义远大理想和中国特色社会主义共同理想的坚定信仰者和忠实实践者。广大预备警官必须政治立场鲜明，始终保持高度的政治自觉。以党的旗帜为旗帜，高举中国特色社会主义伟大旗帜；以党的意志为意志，坚定中国特色社会主义信念；以党的方向为方向，在政治方向、政治立场、政治原则、政治言论、政治行动等方面与党中央保持高度一致。不断增强政治敏锐性、政治纯洁性和政治鉴别力，在大是大非面前能经得起大风大浪考验，做到立场坚定、旗帜鲜明、政治过硬，在贯彻执行党中央的决策指示上令行禁止、绝对服从，始终做政治上的明白人。广大预备警官必须不断加强理论素养，用科学理论知识把自己更好地武装起来。要以习近平

新时代中国特色社会主义思想为指导，坚持政治建警的首位理念，毫不动摇地坚持党对公安工作的绝对领导，确保党的基本理论、基本路线、基本方略得到不折不扣贯彻落实。行动上服从党对公安工作的绝对领导，把党的绝对领导贯彻落实到学习工作、言行举止的各方面，始终在政治上、思想上、行动上与党中央保持高度一致，在任何时候、任何情况下都绝不动摇。

（二）明确责任教育，确保业精技强、服务社会

当前公安机关的主要任务是履行好维护国家政治安全、确保社会大局稳定、促进社会公平正义、保障人民安居乐业，必须坚持以人民为中心的发展思想，不断提高政法队伍思想政治素质和履职能力。服务人民是根本宗旨，决定着公安机关的宗旨本色，体现着公安队伍的立警原则，是人民公安队伍始终坚持的基本路线。执法公正是价值取向，决定着公安机关的履职基本方向，体现着法治公安的本质要求，是公安队伍必须坚守的职业追求。思政课教学提高预备警官责任感，要树立对国家和民族负责、对社会负责、对人民负责、对自己负责的强烈责任意识，是公安院校大学生作为预备警官成长、成才的基础前提。有了强烈的责任意识才能以时不我待的精神提高承担责任的本领，认真学习，踏实求知，刻苦训练。努力掌握作为一名正式人民警察所需要的基本法律知识、业务知识、擒拿格斗技巧、研判思维能力，做好知识储备，在学习、实践、创新过程中逐步培养、锻炼、提高综合素质，追求"追得上、打得赢、说得过、判得明"的合格人民警察目标，树立坚韧不拔、百折不挠的拼搏精神，勤奋求实，开拓创新，坚持全面发展目标，做新时代公安事业的接班人。

（三）强化纪律教育，确保底线清晰、作风过硬

公安部党委书记、部长赵克志在2018年全国公安厅局长会议上对公安队伍建设作出具体部署："要全面贯彻新时代党的建设总要求，毫不动摇地坚持党要管党、全面从严治党，毫不动摇地坚持政治建警、全面从严治警，努力打造一支忠诚干净担当、党和人民满意的过硬公安队伍。"纪律严明是重要保证，决定着公安机关的治警方针，体现着纪律部队的管理特点，是打造过硬队伍的根本路径。公安机关要按照"政治过硬、业务过硬、责任过硬、纪律过硬、作风过硬"五个过硬要求，坚决听从党中央的各项决策部署，不折不扣贯彻执行到位，以严的纪律、铁的规矩切实加强政法队伍建设，不断提高政法机关服务大局的能力和水平，预备警官要牢记人民公安为人民的初心和使命，强化政治纪律意识，遵章守纪，做到心有所畏、言有所戒、行有所止，将讲纪律、守底线渗透进自己的一言一行中，严格遵守政治纪律和政治规矩，在政治立场、政治方向、

政治原则方面，以实际行动来强化预备警官的过硬作风。

三、关注时事明晰社会热点，坚持与时俱进答疑解惑

当前公安院校大学生以 90 后为主体，新媒体时代大学生接收信息的渠道多，他们既引导社会潮流，又直接参与社会热点问题传播，参与社会热点问题评论。他们的主体意识和独立意识强，对新鲜事物充满好奇，但是心智并不成熟，明辨是非的能力有一定欠缺，有时受到多种价值观的影响，很容易迷失自我。为了确保大学生世界观、人生观与价值观的正确性与科学性，思政课教师必须关注对社会热点、难点等重要内容的解析。真正做到把教材体系向教学体系转变，立足教材，跳出教材，紧密联系社会现实和大学生的思想实际，根据教材内容对相关的社会热点展开评析。社会热点问题渗透到思政课教学中，有助于丰富思政课教学内容，使抽象的思政理论内容变得形象生动，吸引学生注意力，引起学生兴趣，彰显思政教育价值。有助于培养学生鉴别是非的能力，提升对社会问题的思考、分析能力，对学生全面发展起到积极促进作用。有助于提升学生对社会的关注度、民族荣誉感与爱国积极性，培养大学生的社会责任感，从而引导学生树立正确的世界观、人生观、价值观。

（一）注意社会热点筛选，有的放矢，完成育人使命

社会热点事件的发生，是社会发展过程中矛盾的外在表现，在一定程度上反映国家政策法规和群众诉求。被加工的热点事件经过传播不能保持本来的样子，或是唯恐天下不乱的夸大其词，或是出于好玩的信口开河，或是自以为是的主观臆断，或是恶意造谣的故意歪曲，都会引起大学生思想上的混乱。即使事件能保持原样传播，而社会热点既包括鼓励人们积极进取、乐观向上以及弘扬社会正能量的社会事件，又包括宣传社会阴暗面、较为偏激、令人消极的危害社会和谐稳定的社会事件。良莠不齐的多元信息使精华与糟粕并存，给大学生的价值观选择造成困惑，大学生很容易被负面论坛误导。如果教师不加以引导，大学生极易产生负面认知，影响正确三观的树立。因此在思政课教学中，教师要关注时事更新，善于结合教学内容，结合当下发生的引起大学生广泛关注的，有选择地重点评析一些社会热点。社会热点选取必须注重育人使命，不是学生喜欢听就一味地不加选择的导入，必须结合授课内容，选取能够突出警察职业特点的问题，能够增强预备警官思想精神力量的问题，能够引发预备警官困惑必须要答疑解惑的问题，能够结合预备警官思想实际并感兴趣的问题。

教师要注重把社会理想信念和预备警官个人理想信念融合在一起，从而使他们把对社会的理想信念变成为祖国奋斗终身的强烈使命感和社会责任感。

（二）注意紧跟时代步伐，解决实际困惑，培养大学生社会分析的能力

思政课教师要兼顾教材与现实的与时俱进，注重对时事政治了解掌握，特别是要注重引发预备警官广泛关注的社会热点问题。学生在关注社会热点问题的过程中会在心理和思想认识上产生困惑，片面评价事件会误导大学生对社会问题的解读。如果此时教师对这些热点问题采取漠视态度，对学生的思想状况不闻不问，就有可能强化大学生对当下社会现实的不满情绪，对社会失去信心，甚至会因此造成信仰的迷失和价值选择的迷茫，选择不再努力上进，自暴自弃。所以思政课教师必须提升对这类热点事件的敏感度，及时了解预备警官的思想动态，及时对预备警官进行有针对性的引导。教师在对社会热点进行评析时，要准确把握预备警官对社会现实热点问题的关切点，先让他们各抒己见，发言讨论，从而了解预备警官对当前社会热点问题的看法与关注度，然后思政课教师再在此基础上，耐心向学生对现有现象进行正确的解读，对预备警官的看法进行正确、合理的引导，循循善诱正确地引导大学生的思想政治态度以及价值取向。思政课通过深入剖析热点事件，教师适时引导、恰当分析、答疑解惑，能够使大学生以积极的心态看待事件，以创新的眼光发现社会问题，使学生在完成学习目标的过程中，提升应变能力、增强辨析能力、提高社会适应能力，促进自身综合能力全面发展。

（三）注意热点引入形式多样，提高大学生关注社会兴趣

习近平在全国高校思想政治工作会议上强调指出："思想政治理论课要坚持在改进中加强，提升思想政治教育亲和力和针对性。满足学生成长发展需求和期待。"社会热点引入课堂必须坚持以人为本的思想，坚持破解难点、重点，坚持问题导向。思政课教师在教学过程中，要尊重学生的主体地位，增强对学生内心的关切和主体价值的关注，要做到把教学内容和学生的思想实际结合起来，对于社会热点引入课堂要注意形式多样，增强思政教育张力。通过课前交小纸条、案例教学、情景教学、微信群推送、讨论、辩论、评论、撰写课后短评等方式，最后教师集中整理，布置在课上或课下研讨。多种形式引入社会热点使大学生能主动参与交流和探讨，能从多角度全面评价社会热点问题，使学生综合能力得到锻炼，分析问题解决问题的能力得到提高，加深对政治理论课重视程度，加强课堂学习集中力，有效激发大学生对政治理论的学习热情。

总之，公安院校大学生是国家民族之未来、公安事业明日之希望，广大预

备警官必须有清晰的定位,正确把握航向,坚持中国共产党的领导,以习近平新时代中国特色社会主义思想为指导,树立中国特色社会主义共同理想,坚定实现中华民族伟大复兴奋斗目标。不断打牢高举旗帜、听党指挥、忠诚使命的思想基础,刻苦学习、埋头苦干、不断创新,在践行中国梦进程中实现个人、民族与国家的有机统一,增强"青年兴则国家兴,青年强则国家强"的使命感,努力成为"有理想、有本领、有担当"的预备警官,为实现中华民族伟大复兴的中国梦不懈奋斗!

参考文献:

[1] 党的十九大报告学习辅导百问 [M]. 北京:党建读物出版社、学习出版社,2017:1-42.

[2] 习近平. 中国共产党第十九次全国代表大会报告 [R]. 北京,2017.

[3] 2018 年中央政法工作会议 [R]. 北京,2018.

[4] 孟建柱. 2015 中央政法工作会议 [R]. 北京,2015.

[5] 赵克志. 2018 年全国公安厅局长会议讲话 [R],北京,2018.

[6] 郭声琨. 切实做到"四句话、十六字"总要求 [N]. 人民日报,2017-06-02.

[7] 顾峥,钟伟娜. 浅谈"四位一体"理想信念教育在大学生思政教育中的作用 [J]. 高教学刊,2017(8):159-160.

[8] 周良书,陈元元. "看齐意识"的由来与实质 [J]. 前线网,2017(5):46-48.

[9] 赵娟. 大学生思政教育的现实着力点分析及对策 [J]. 湖北函授大学学报,2017(9):60-61.

[10] 杨伟才. 郑舒翔. 多元社会思潮视域下的高校思政理论教育审视 [J]. 福建工程学院学报,2017(4):143-147.

[11] 杨文正. 社会关注下的高校思政教育工作中的价值观教育方法 [J]. 北京印刷学院学报,2017(10):176-178.

[12] 周强. 关于社会热点问题在青年思政教育工作中的价值分析 [J]. 高教探索,2017 增刊:177-178.

[13] 徐雅雯. 社会热点问题在高校思政教育工作中的价值探讨 [J]. 学周刊丨高校论坛,2017(9):12-13.

坚守主渠道
充分发挥思政课价值引领作用

包苏红

摘 要：思想政治理论课建设是高校意识形态工作的重要组成部分，是思想政治工作的主渠道。思想政治理论课最重要的功能就是用马克思主义理论内容去武装学生，用马克思主义理论魅力去征服学生，不仅让学生知其然，而且让学生知其所以然，帮助学生实现从思想层面的认知到价值层面的认同，进而到实践层面的自觉。

关键词：思政课主渠道；思政课教学；内容方法研究探索

习近平总书记在全国高校思想政治工作会议上指出："要用好课堂教学这个主渠道，思想政治理论课要坚持在改进中加强，提升思想政治教育亲和力和针对性，满足学生成长发展需求和期待，其他各门课都要守好一段渠、种好责任田，使各类课程与思想政治理论课同向同行，形成协同效应。"习总书记的重要讲话既是对高校思想政治理论课在当今社会高校中重要地位和作用的高度肯定，又是对高校思想政治理论课教师的殷殷关怀和谆谆重托，为新时期加强和改进高校思想政治课建设指明了方向、提供了遵循。思想政治理论课建设是高校意识形态工作的重要组成部分，是思想政治工作的主渠道，我们必须以高度的责任感和使命感坚守主渠道，充分发挥高校思想政治理论课的价值引领作用，切实加强和改进高校思想政治理论课建设。

一、深化思政课程内容建设，增强思政课程的说服力

"理论只要说服人，就能掌握群众；而理论只要彻底，就能说服人。"思想政治理论课最重要的功能就是用马克思主义理论内容去武装学生，用马克思主

义理论魅力去征服学生，不仅让学生知其然，而且让学生知其所以然，帮助学生实现从思想层面的认知到价值层面的认同，进而到实践层面的自觉。思政课程内容建设是思想政治理论课建设的根本。课程内容有针对性和实效性，课程才能有吸引力和感染力。新形势下，我们要坚持把立德树人作为中心环节，强化思想政治理论课教材体系向教学体系、课程体系的转化研究，挖掘整合各学科的思想政治教育资源，把思想政治工作贯穿教育教学全过程，逐步构建全程育人、全方位育人新格局。

（1）深化对教学内容的研究。在党和国家的高度重视下，"马工程"统编教材，为思想政治理论课教师开展系统的马克思主义理论教育提供了教学规范，为社会主义核心价值观"进教材、进课堂、进头脑"打下了坚实基础。"马工程"重点教材是思想政治理论课教学的基本依据和基础，但教材具有较强的系统性、完整性、规范性和理论性，很难适应不同层次、不同类型高校的教学需求，需要思想政治理论课教师以及各专业课教师协同作战，以教材为基本依据，深入研究教材，在吃透教材、基于教材的基础上，将教材内容转化为教学内容，将教材语言转换为教学语言，不断增强课程的说服力。

（2）深化对学生思想实际的研究。当代大学生是社会主义事业的接班人和建设者，是与我国的改革开放同行、与中国特色社会主义事业发展并进的一代青年。习近平总书记指出："思想政治工作从根本上说是做人的工作，必须围绕学生、关照学生、服务学生，不断提高学生思想水平、政治觉悟、道德品质、文化素养，让学生成为德才兼备、全面发展的人才。"学生是思想政治理论课建设的出发点和落脚地，思想政治理论课要树立以学生为主体的教学理念，做到以人为本、立德树人，遵循教书育人规律，遵循学生成长规律，深入研究学生的思想观念、价值取向、行为方式、情感需求，切实解决学生的思想和认识问题，加强教学的针对性，为学生点亮理想的灯、照亮前行的路。

（3）深化对社会客观实际的研究。理论联系实际是马克思主义的基本原则，也是思想政治理论课的根本特征。国际政治的风云变幻、国内社会生活不断涌现的新问题，使许多青年学生思想认识上处于迷茫状态，思想政治理论课教学要直面社会现实，注重加强对学生的正面引导，教育引导学生正确认识世界和中国发展大势，从我们党探索中国特色社会主义历史发展和伟大实践中，认识和把握人类社会发展的历史必然性，认识和把握中国特色社会主义的历史必然性，不断树立为共产主义远大理想和中国特色社会主义共同理想而奋斗的信念和信心，增强中国特色社会主义道路自信、理论自信、制度自信和文化自信。

二、创新教育方式方法，增强课程的吸引力

思想政治理论课教学要沿用好方法、改进老方法、探索新方法，通过方式方法的改进，尽可能地把理论的东西形象化、感性的东西理性化，坚持政治性和学术性相结合、学生主体和教师主导相结合、知识传播和启发教育相结合、理论讲授和实践体验相结合，创建民主、平等、和谐的课堂氛围，鼓励学生自由表达见解，对正确的观点给予充分肯定，对错误的思想认识进行引导和教育，鼓励青年学生主动参与、热烈互动。

习近平总书记指出："做好高校思想政治工作，要因事而化、因时而进、因势而新。"互联网时代，思想政治理论课教师要跟上技术进步与话语情境的变化，适应信息化、国际化的潮流，借助"互联网+"，善于运用新媒体新技术，推动思想政治工作传统优势同信息技术高度融合，增强高校思想政治课程的时代感和吸引力。教无定法，贵在得法。教育方法和教学设计上的独特和创新必须以教学内容建设的需要为依托，不能本末倒置，要在对课程教学内容本身的深入研究和教学规律把握的基础上，将教学内容与教学形式融为一体，使二者更有效地共同作用于教学效果的提高，提高课程的吸引力。

三、强化师资队伍建设，增强队伍的战斗力

习近平总书记强调，传道者自己首先要明道、信道。思政教师要坚持教育者先受教育，努力成为先进思想文化的传播者、党执政的坚定支持者，更好担当起学生健康成长指导者和引路人的责任。要加强师德师风建设，坚持教书和育人相统一，坚持言传和身教相统一，坚持潜心问道和关注社会相统一，坚持学术自由和学术规范相统一，引导教师以德立身、以德立学、以德施教。

（1）加强思想政治理论课教师队伍的思想观念建设。思想政治理论课的特殊性，要求思想政治理论课教师增强使命感和责任感，对马克思主义理论和中国特色社会主义理论真学、真懂、真信，发自内心地认同马克思主义和中国特色社会主义理论。坚定中国特色社会主义的道路自信、理论自信、制度自信和文化自信，能够以坚定的信念引导学生，旗帜鲜明地传播马克思主义和中国特色社会主义理论。当今社会文化多元，各种思潮相互交锋激荡，要求思想政治理论课老师，不仅要守住课堂、讲坛的思想阵地，而且要承担激浊扬清、弘扬

正能量的社会责任。在事关政治原则、政治立场和政治方向的大是大非问题上要始终与党中央保持高度一致，勇于及时发声、大胆亮剑，传播正能量、弘扬主旋律。

（2）加强思想政治理论课教师队伍的教学科研能力建设。加强科研能力建设是思想政治理论课教师队伍建设的基本内容。思想政治理论课教学需要通过理论分析和科学研究来促进大学生对马克思主义和中国特色社会主义理论的认知、认同、理解和把握，这对教师的科研能力提出了较高要求，但思想政治理论课又是覆盖全校的公共基础课，课时任务重，教学工作量大，客观上牵扯了教师的精力，制约了教师教学科研能力的提升。要有目的、有计划地通过"名师工作室"、学术交流、专题培训、课程培训、会议短期培训等多种举措，帮助教师提高科研水平和教育教学能力。

参考文献：

[1] 徐曼. 当代大学生关注的思想热点问题探析 [J]. 思想政治课研究，2017（6）：7-11.

[2] 刘佳. "毛泽东思想和中国特色社会主义理论体系概论"课概念教学方法论探析 [J]. 高校思想政治理论课教学研究，2022（2）：101-107.

[3] 董明，朱宗友，杨军. 大学生喜欢什么样的思想政治理论课 [J]. 思想政治课研究，2017（6）：51-52.

论新形势下警察院校思想政治教育

赵淑辉

摘 要：十八大以来，警察院校的思想政治教育面临新形势新任务，有了更新、更高的要求。这也是警察院校思想政治工作取得新成效的新契机、新动力。在新形势下，要抓住关键期，充分发挥警察院校"政治育警"主阵地作用；以"三个倡导"为指引，积极培育学生塑造"警察精神"；加强学生纪律作风、学风管理，加强教师队伍建设、校园文化建设，多措并举，提高思想政治教育的效果。

关键词：新形势；警察院校；思想政治教育

党的十八大以来，全国掀起了高举中国特色社会主义伟大旗帜，坚定不移走中国特色社会主义道路，为全面建成小康社会，实现中华民族伟大复兴的中国梦而努力奋斗的热潮。新形势、新任务既给警察院校的思想政治教育提出了新的、更高的要求，又为学生政治思想工作取得实效提供了新契机、新动力，我们要抓住时机，开拓进取。

一、抓住关键期，充分发挥警察院校"政治育警"主阵地作用

警察院校是培养警察后备力量、储备警用人才的基地。"政治育警"是警察院校必须遵循的重要教育原则，这是由公安机关人民警察的性质和肩负的使命决定的。我国的人民警察是打击违法犯罪、维护社会治安秩序、保护人民利益的重要执法力量，是人民民主专政的重要工具之一。人民警察的阶级性决定了人民警察的政治性。政治工作历来都是公安工作的生命线，这是我国公安工作的优良传统。所以，公安队伍建设首先是政治建设。同样，"政治育警"是警察院校立校育人的首要任务，警察院校要充分发挥"政治育警"主阵地的作用，

努力培养一批政治过硬的高素质公安储备人才。

当前警察院校迎来了政治理论教育的关键时期，这里指两个方面的关键期，一是指十八大开局之年，全面建成小康社会的关键时期。抓住这个关键期，有针对性地加强学生的思想政治教育，是新时期、新形势下警察院校"政治育警"极其重要的任务。二是指学生政治素养形成的关键期。警察院校是学生成为一名人民警察、真正从事警务活动前最重要的培养基地和练兵场，是他们结束十几年寒窗苦读的最后一站，是他们政治思想观念逐渐成熟，进行正面强化、疏导和纠偏，去伪存真的关键时期。我们要充分利用这个关键期，加强学生在政治思想方面的正能量教育，提升学生从警的政治理论素养，提高政治觉悟，纯洁入警动机。要抓住学习和贯彻十八大精神的最佳时机，抓住学生离开警察院校的最后时刻，对他们进行富有时效性的政治思想和精神的洗礼。

二、以"三个倡导"为指引，积极培育学生塑造"警察精神"

"社会主义核心价值体系是兴国之魂，决定着中国特色社会主义发展方向。要深入开展社会主义核心价值体系学习教育，用社会主义核心价值体系引领社会思潮、凝聚社会共识……倡导富强、民主、文明、和谐，倡导自由、平等、公正、法治，倡导爱国、敬业、诚信、友善，积极培育和践行社会主义核心价值观。牢牢掌握意识形态工作领导权和主动权，坚持正确导向，提高引导能力，壮大主流思想。"[1]

"三个倡导"，是一面新旗帜，是对民族精神、时代精神，以及爱国主义、集体主义、社会主义的具体注释，它为当代中国塑造了可贵的精神气质。

公安事业是伟大的，伟大的事业需要崇高的精神，更需要核心的价值观念来引领实践。"三个倡导"是警察院校德育工作应遵循的核心价值观，是培育学生、塑造"警察精神"的重要指导。毛泽东同志早就讲过："人总是要有一点精神的。"无论是警察个体，还是警察人群体，都需要树立和塑造崇高的"警察精神"。"警察精神"内涵丰富，它是警察群体在职业生涯中，共同创造、共同拥有的一种积极向上、相对稳定的思维模式、心理倾向和价值取向，是警察文化、价值观念、道德观念的综合体现和高度概括，它应该是警察这个职业在长期的公安工作实践中积淀的最富典型意义的精神特征和展现出来的精神风貌。"警察精神"的塑造，既要以"三个倡导"为指导，还要符合时代对警察职业精神的呼唤，就是要具备"忠诚可靠、秉公执法、英勇善战、纪律严明、无私奉献"[2]

的高尚精神。警察职业是神圣的，但警察也是普通人，在这个文化、价值观念纷繁复杂的时代，尤其是市场经济环境下，就业方式、分配方式的多样化，都对传统的警察职业和民警的思想造成了冲击。所以，警察精神尤为重要，它是警察职业、警察人格真善美的结晶，是干好公安工作的精神支撑。一个人，如果精神有所寄托，就会热爱生活，就会朝气蓬勃，就会勇往直前。反之，如果精神空虚，就会萎靡不振，畏缩不前，甚至自暴自弃。警察队伍也有魂，这个魂就是"警察精神"，是警察的精、气、神，是一种价值追求和精神境界。作为警校学生，积极培育和塑造"警察精神"，增强警察职业的自信心、自豪感、使命感、责任感，是构筑警察职业理想、胜任公安工作、实现人生价值的关键。

三、加强学生纪律作风、学风管理，争创"四个一流"

思想政治教育的效果在校园内如何产生和评价，一方面看课堂教学过程中学生学到了什么，学到了多少；另一个重要方面就是看学校对学生在纪律作风和学风上的管理及成效，尤其是警察院校。警察院校与其他地方高校在建校理念和管理理念上有很大不同，警察院校对学生的管理模式采用的是准军事化管理，这也是警察院校长期葆有的特色和一直以来的优良传统。同时，也是警察院校对在校学生进行思想政治教育最好、最直观地实践教育以及习惯养成的途径。

我国公安教育从新世纪初开始，经历了几次改革和转型，这些变化是适应不同时期公安教育训练工作的必然要求和积极探索。首先是从2001年开始的各地中专升大专的转型，然后是专科院校升本科的转型，突出的都是公安学历教育；自2008年，公安部直属的中国人民公安大学、中国刑警学院停止招收本科生后，全国不少公安院校也逐步停招公安专业本、专科学生，我国公安教育再次发生了重大转型——淡化或暂停学历教育，突出公安教育的培训职能；近年来，一些警察院校从自己的实际出发，基于学校的生存和长远考虑，在当地公安部门和教育部门的支持下，又开始恢复学历教育，恢复公安专业的招生计划，学历教育悄然复兴。经过这么几轮改革和转型，公安教育训练工作的思路进一步明晰，各校办学特色更加突出，办学定位更加准确。不过，其间也给公安教育训练工作带来了一些困惑，公安教育训练到底应该怎么走，成了公安教育训练研究的一个焦点和热点问题。在这一过程中，由于进入公安队伍要通过公务员考试，公安院校毕业生的优势不再突出，这就对公安院校的警务化管理产生了一些冲击。警察院校在教学设计和教育管理方面显得有些混乱，表现比较明显得就是学校对学生在纪律作风和学风的管理上不够严格,学生在日常生活和学习中出现庸、懒、散、差的现象。这样的状态严重影响了公安后备人才培养的质量,尤其是在思想作风上。

所以,面临新形势、新任务,警察院校要继续加强学生纪律作风、学风管理,保持并发扬准军事化管理的优势和特色,争创一流的人才、一流的管理、一流的装备、一流的业绩,为新时期的公安教育事业贡献更大力量。

四、加强教师队伍管理和队伍的教风、师德建设,践行党的群众路线

警察院校的政治理论课教师多是专职教师,学生的管理一般由学生大队或学生处负责。学生处负责管理学生的老师有的只负责带学生、管理学生,不教课;也有的兼任其他教学部门的授课任务,是其他教学部门的兼职教师。新形势下,要提高学生政治思想水平,必须要加强教风、师德建设,必须要让管理学生和任课的师资队伍共同提高,二者齐抓共管,齐头并进,才能更好地实现警察院校"政治育警""德育为先"的思想政治教育目标。

加强教风、师德建设,就要紧紧围绕党的群众路线,在教学和管理中践行党的群众路线。我们经常讲军民鱼水情,师生同样是鱼和水的关系。我们要时刻清醒地认识到"我是谁",时刻铭记我"为了谁、依靠谁"。在新形势下,我们要身体力行,当好党的传声筒,积极投身到十八大精神和中国梦的宣讲活动中,用最新的、先进的思想武装自己的头脑,充分发挥理论课教师和学生管理工作者的积极性和能动性。在师德方面,"学高为师,身正示范",为人师表,要满足公安教育和警察院校学生对教师的期望,首先从自我做起,遵照社会主义核心价值观,践行党的群众路线。无论是教课还是管理学生,教师都要与学生进行平等地交流、对话和沟通,保持与学生的密切联系。积极主动帮助学生解决他们的实际困难和思想困惑;在教风方面,教师要不断提高自身的教学技能、科研能力、创新能力、学识修养和人格魅力。不但要钻研理论,还要关注前沿、热点问题,更要接地气,加强与公安部门和警务工作的联系,理论联系实际,才能增强课堂教学的说服力。"两课"教师要具备很高的政治觉悟,把握好群众路线,尤其是在课堂上,要始终坚持正确的政治导向,客观分析各种社会现象,自觉抵制种种反马克思主义思潮。警察院校的学生管理和政治理论课的教师应该是一支政治强、业务精、作风正的优秀队伍。

网络时代,公安院校思想政治教育还可以通过创建网络辅导咨询平台的方

式,充分发挥网络优势,与学生拉近距离。学生也可以匿名与老师在网上交流,敞开心扉,老师用专业的知识为他们指导、答疑、解惑,这个平台是师生之间另外一个舞台,是提高学生思想道德水平的又一种途径和场所。同时要加强校园文化建设。校园文化对于警察院校来说,有着非常重要且不可替代的思想政治教育的功能。在校园文化建设方面,通过丰富的硬件资源,比如图书馆、校园网络、小型的博物馆、展馆、展板等充分彰显警察院校政治育警、以德育人的校园文化主旋律,"润物细无声"、潜移默化地感染学生,感染学生的思想政治观念。

参考文献:

[1] 胡锦涛在中国共产党第十八次全国代表大会上的报[EB/OL].[2012-11-18].人民网,http://cpc.people.com.cn/n/2012/1118/c64094-19612151.html

[2] 公安部作出向授予荣誉称号的12个单位学习的决定[EB/OL].[2007-05-29].中央政府门户网站,https://www.gov.cn/govweb/gzdt/2007-05/29/content_628905.htm

新时期公安院校网络舆情应对策略刍议

秦晓慧

摘 要：与其他高校相比，公安院校学生不仅具有普通大学生求知欲强、眼界开阔、思维活跃，愿意接受新鲜事物，习惯利用网络获取信息、表达观点的特点，同时又受到较为严格的纪律约束，一入学就被教育要以人民警察的标准要求自己。所以，公安院校网络舆情不仅具有普通高校网络舆情的特点，又有其特殊性。公安院校作为为国家培养人民警察的主阵地，要求他们有更高的舆情应对能力。本文通过对公安院校网络舆情的特点分析，从他律和自律途径入手提出公安院校网络舆情的应对策略。

关键词：公安院校；高校网络舆情；正效应；不良影响；应对策略

互联网的普及改变了人们的生活、交友等方式。网络舆论作为互联网发展的必然产物，逐渐成为舆论的重要组成部分，短短数年影响力不断扩大，有积极意义，也有消极影响。新时期的公安院校学生，多数是"00"后，他们这一代是网络环境下成长的一代，从小就接触网络，能够熟练使用各种网络工具，具有较强的信息扩散能力。他们会通过网络这个虚拟空间对一些社会现象进行话语表达，反映他们的思想观点和价值观念。公安院校学生具有长期学习的经验，让他们有了一定的知识储备和判断力，对网络信息言论有一定的辨别力，但是由于他们的价值观、心理心智仍在形成阶段，尚不成熟稳定，社会经验不足，又充满正义感、容易冲动，非常容易被一些看似"正义"的言论和思潮所影响。为避免公安院校网络舆情产生不良影响，也为保证公安院校网络舆情发挥其正效应，必须通过有效策略进行应对。

一、什么是公安院校网络舆情

对于公安院校网络舆情，有多种不同的看法，有人认为公安院校网络舆情的主体是公安院校师生，但笔者认为，公安院校教师能够较为理性地看待问题，有相关的制度和道德约束，不易出现不当舆论。因此，本文所指的公安院校网络舆情的主体仅指公安院校学生。所谓公安院校网络舆情，是指公安院校学生借助互联网载体，凭借自身知识、价值观念，对热点事件进行观点、态度、情感、意见的表达，传播与互动，从而产生后续影响的网络舆论的集合。

从积极意义上看：首先，公安院校网络舆情可以帮助公安院校管理者从学生的需求出发，真正以学生为本，制定适合学生的决策。因为网络舆情也是现实舆情的反应，学生会利用网络表达自己对于学校管理的意见、诉求，只要管理者认真对待就能从中分析出学生的真正需求，从而让学校管理更加有效。其次，网络舆情还有利于教师因材施教、因势利导、提高授课质量。近年来，高校课堂随处可见"低头族"，虽然公安院校对于学生上课使用手机有严格的制度管理，但仍然难以改变公安院校学生利用网络记录自己生活轨迹的习惯。如果教师能够融入他们的网络生活，就能根据他们的网络字符了解他们的生活轨迹、价值观等，了解学生就能在授课时更具针对性，从而引起学生的共鸣，提高授课质量。

从消极影响看：首先，公安院校网络舆情一旦爆发危机，将会快速传播，大量的负面情绪、负面舆情蜂拥而至，有可能导致群体性事件的爆发。其次，公安院校网络舆情一旦爆发危机，不仅会对学生的价值观造成巨大冲击，还会对公安院校的声誉造成不良影响，在社会掀起风波，甚至可能对人民警察的形象产生不良影响，不利于国家的安定团结。因为在人们印象中，公安院校应该是高尚、正义、神圣的象征，如果有关于公安院校的不良舆论出现，会在人们头脑中形成巨大的反差，引起更激烈地讨论，最终损害公安声誉和国家利益。

二、公安院校网络舆情的特点

（一）舆情主体的特点

从年龄结构看，公安院校网络舆情参与主体多是 2000 年以后出生的年轻人。首先，他们普遍有着强烈、旺盛的求知欲。其次，他们对新鲜事物充满好奇，希望对事情一探究竟。网络求快求新的特征很好地满足了他们的探索欲。再次，他们有着标新立异、注重自我的群体性特征。网络给他们提供了一个自由选择的空间，可以在网络中彰显自己的独特见解。最后，每个人都盼望获得平等与尊重，希望能够拥有发言权，但在现实生活中多数人只能充当信息接收者和旁观者的角色，而网络给了他们平等参与的机会。[1]公安院校学生对于焦点问题高度敏感，敢于针锋相对。而新时期"人人都是自媒体"，每个学生都可能是舆情信息的来源和发布者。由于公安院校学生相近的年龄、相似的教育经历和环境，使得他们对舆情的兴趣点和激发点也较为一致，容易出现跟风现象。

（二）舆情内容的特点

作为预备警官，公安院校学生除了会在网络上表达对学校的意见，关注社会热点问题，更容易关注涉警舆情。在互联网平台，涉警舆情事件发生的第一时间，学生就可以通过微信、微博、抖音、快手、哔哩哔哩等载体发布和传播信息，他们会通过文字、图片、视频等多元手段进行描述。但是由于事件的发展是有过程的，不是第一时间就能知道前因后果。因此，他们发布的舆论信息也会呈现碎片化的特点，这样就可能导致舆情的走向出现多种情况。而且由于缺乏社会经验，他们会一腔热血，表达也会呈现非理性的特点，这样就可能出现网络谣言、网络暴力等，会使舆情走向负面，从而产生不良影响。

（三）舆情传播的特点

纵观新时期的公安院校学生，多数物质条件比较优越，智能手机、电脑是每个学生的标配，这就使得公安院校网络舆情的传播更加便捷。而且网络打破了传统媒介时间和地点的限制，信息可以跨区域传播，信息一经发出，很快会在校内掀起高潮，并会迅速传播至其他高校圈，甚至是整个警察圈。如果是一些舆情危机，不仅会影响公安院校的教学秩序、内部稳定，还会对警察形象产生不良影响。

三、公安院校网络舆情的应对策略

只有规范公安院校学生的网络行为，才能保证他们进行理性的表达，从而发挥公安院校网络舆情的正效应。对公安院校学生网络行为进行规范，需要通过他律和自律途径共同实现。

（一）自律途径

1. 提升公安院校管理人员素养

在新时期，公安院校管理人员需要不断提升自身的素养，不断学习，更新观念，积极了解新媒体、新技术，走进网络。避免与学生脱轨，能够及时掌握学生在网络中的思想动态，便于及时引导和应对突发事件。公安院校管理人员要牢牢把握公安院校网络舆论话语权，实时发布权威消息，避免一些谣言的产生。

2. 增强公安院校学生自律意识

公安院校学生的自律是营造良好公安院校网络舆论环境的前提，学生需要自觉提升法律意识和道德水平。做到言论要有事实依据，不可捕风捉影、夸大其词，更不能逾越法律、道德的底线，要遵守法律法规、道德规范，做到理性表达。而公安院校学生的自律意识可以通过针对性的教育实现。进行针对性教育可以使他们理解自己言行是否合法，是否符合伦理道德要求，从而减少网络谣言与网络侵权等行为。进行针对性的教育还可以提高学生素质，从而达到规范网络行为的效果。具体可以通过在学校开设基础的法治和道德教育课程、在网上邀请专家开设讲座、在微博微信等客户端公众号推送相关教育性文章等形式实现，营造良好的网络舆论环境，更好地发挥公安院校网络舆情的正效应。

（二）他律途径

1. 进行有效引导

虽然互联网给公安院校学生提供了自由表达的空间，但是没有界限的自由就等于没有原则和放纵，就会滋生负面效应。面对网络舆情，公安院校只有积极面对、主动参与和正确引导，才能使其健康发展。因此，要有效引导网络舆论，规避负面效应，最大程度地发挥公安院校网络舆情的正效应。[1]

网络并非一个完全虚拟的世界，它是现实社会在网络中的反映。因此，公安院校网络舆情也是公安院校现实舆情在网络中的反映，虽然公安院校网络舆情中也存在一些虚假信息，但是这部分信息经过公安院校网络舆情管控往往能很快被攻破，产生不了大的负面影响，而那些源于现实舆情的网络舆情才是真正能产生较大负面影响的根源。面对这类舆情，管理者要处理好线下和线上的关系，找到舆情发展的根源，通过线下现实舆情的解决，消除线上的影响，而不是一味地在线上进行疏导，当然线上的有效疏导也是必要的，进行线上的疏导，必须要坚持正确的舆论导向。习近平一直非常重视舆论导向问题，十八大以来，他多次强调了舆论导向的问题。2014年2月27日，习近平主持召开了中央网络安全和信息化领导小组第一次会议，他在会上就网络舆论引导提出："做好网上舆论工作是一项长期任务，要创新改进网上宣传，运用网络传播规律，弘扬主旋律，激发正能量，大力培育和践行社会主义核心价值观，把握好网上舆论引导的时、效、度，使网络空间清朗起来。"[2] 2020年2月3日，习近平在中央政治局常委会会议研究应对新型冠状病毒肺炎疫情工作时的讲话中指出："把握主导，壮大网上正能量。要加强舆情跟踪研判，主动发声、正面引导，强化融合传播和交流互动,让正能量始终充盈网络空间。"[3]坚持正确的舆论导向是引导网络舆情的前提和保障,对于我国公安院校网络舆情的引导必须弘扬社会主义核心价值观和人民警察核心价值观,把公安院校建设成为安定团结的模范之地。

2. 提升思想政治教育质量

思想政治教育是公安院校提高学生思想水平、政治觉悟、道德品质的重要途径。坚持公安院校网络舆情引导,建设良好的教育环境,也是公安院校思想政治教育的重要内容。公安院校需要通过吸纳、培养等方式,建立一支拥有坚定政治立场、高尚道德水平的思政课教师队伍。通过这支队伍传递社会主义核心价值观、人民警察核心价值观、网络道德伦理规范等,引导公安院校网络舆情向着正确的方向发展。这支队伍要具有以下特点:首先,要能以身作则,规范自身的言行,无论在现实生活中,还是网络行为上都能树立榜样,以此潜移默化影响学生的言行;其次,要积极传播先进文化,勇于捍卫科学真理,大力倡导健康向上的社会风气。比如,可以面对面与学生创建微信群,在群里引导学生对热点舆情进行讨论,如果出现偏差教师要用权威的论点、见解将学生的舆论引向正面;再次,要能积极主动的利用新媒体,根据学生兴趣,结合知识创新思想政治教育的讲课形式,提升思想政治教育的亲和力和质量。比如,可以通过"翻转课堂"的方式革新学习形式,让学生在通力合作下收获知识;最后,要丰富学生课余活动,构建和谐健康校园文化环境。比如,可以在学校创建思想政治理论宣传的社团,让学生参与进来,通过学习、交流提高学生的政治理论水平和实践能力。

3. 完善制度建设

第一,完善信息公开制度。公安院校信息公开的出发点和落脚点是保障学生的知情权。信息公开目前主要通过院校相关网站、官方微博、微信公众号等实现。信息公开,不能仅仅宣传学校规章制度,更应转变观念,要通过公开的信息履行引导功能。针对公安院校网络舆情中存在的危机,做到及时、全面、准确的回应,引导和帮助学生了解实情,进而促使公安院校网络舆情健康稳定发展。

第二,建立健全信息核实机制。网络舆情的内容一经传播,几秒钟就会呈现在学生面前,对学生和院校产生影响,根本没有时间进行改正,一旦出现差错,影响将非常大。这就需要建立核实机制,促使管理人员在学生发布热点事件前对事件真实情况进行核实。进行核实,首先要与事件发布者进行联系,确认其发布的事件是否属实，问清事件始末及作者信息来源渠道，告知信息发布者发布虚假信息需要承担的责任，让其明白网络舆论的法律边界。其次，向了解事件的官方进行事件真实性的核实。这样才能保证内容的真实、有效，促进公安院校网络舆情的有序发展。

第三，建立责任追究机制。无规矩不成方圆，互联网也不是法外之地，对于在网络上侵犯他人合法权益、违法乱纪的行为要严惩。建立责任追究机制要明确责任主体，从源头控制公安院校网络舆情的内容，形成清晰的网络舆论环境。

第四，要建立和完善网络举报制度，如建立和完善保护举报人制度、举报人信息保密制度、有效举报奖励制度、举报受理和处理制度、处理结果反馈制度等。

第五，要制定严格的惩罚制度。针对违反法律和道德的公安院校网络舆论行为制定相应的惩罚制度，目的在于规范学生的言行，主要是针对用户表现出的言行违规现象，制定违规行为边界和处理机制。使学生即使是在网络环境中也能做到理性、客观。

4. 强化技术监管

公安院校网络舆情的传播也是借助互联网平台实现的，要使公安院校网络舆情发挥应有的正效应，需要对网络媒体进行监管，而网络媒体的监管是通过计算机及网络技术实现的。首先要加强公安院校权威网站建设，建立、健全官方网络交流、互动平台。管理部门要转变思想观念，以学生为中心，以学生的需求为导向，摒弃过去学校信息供给上"学校认为应提供什么，就公开什么"的传统理念，而要以学生需求为指导，"学生需要什么，就公布什么"。其次，要通过以下具体技术手段进行监管：第一，通过对用户身份和注册信息加以核实、保存和保护，实现后台实名，前台自愿。第二，通过建立数据库、设置不同级别不良信息关键词，对信息内容进行识别和过滤：当发表、评论的信息含有设置关键词的时候，根据所涉及关键词的级别不同，系统分别采取拒绝发帖、发评论，提醒管理员进行审核，等不同的应对手段。第三，建设和完善网络舆论监控系统，实时监测网络舆论中的言论，提高预防和控制公安院校网络舆情危机发生和应对的能力。[4]

参考文献：

[1] 秦晓慧. 网络舆论监督的法治教育功能研究 [D]. 呼和浩特：内蒙古

科技大学，2016：30-34.

［2］中央网络安全和信息化领导小组第一次会议召开——中央政府门户网站［EB/OL］.（2014-02-27）.http：//www.gov.cn/ldhd/2014-02/27/content_2625036.htm.

［3］习近平在中央政治局常委会会议研究应对新型冠状病毒肺炎疫情工作时发表重要讲话_中国共产党新闻网［EB/OL］.（2020-02-15）.http：//cpc.people.com.cn/n1/2020/0215/c64094-31588554.html.

［4］黄河.新媒体发展与社会管理［M］.北京：中国传媒大学出版社，2013：286.

以"四有"标准树新风
争做"四者"型政治理论教师

武 静

摘 要: 教育要发展, 教师是关键, 政治理论课要取得显著效果, 政治理论教师是重要保证, 本文以"四有"好干部标准从四个方面画像"四者"型政治理论教师, 心中有党方向坚——争做政治坚定、学养深厚帮助预备警官成长成才的理论宣传胜任者, 心中有民定位准——争做忠于职业、敢于担当帮助预备警官成长成才的心甘情愿服务者, 心中有责任务明——争做责任感强、事业心旺帮助预备警官成长成才的干劲十足辅助者, 心中有戒底线清——争做素质过硬、清白做人帮助预备警官成长成才的克己慎行示范者, 不断提升政治理论课教师基本功, 进而持续提高政治理论课教学效果。

关键词: 四有; 四者; 政治理论教师

"心中有党、心中有民、心中有责、心中有戒"这"四有"好干部标准, 是习近平总书记在2015年1月12日与中央党校第一期县委书记研修班学员座谈时提出, "四有"要求尽管只有16个字, 但是关于"好干部"标准的内涵十分丰富, 并在各个岗位领域普遍适用。作为一名教师要将此"四有"标准内化于心、外化于行, 贯穿于教学工作各方面, 要以身作则、提升内涵、增长才干, 努力做让党放心, 让单位为荣, 让学生满意的合格警院政治理论教师。

一、心中有党方向坚——争做政治坚定、学养深厚帮助预备警官成长成才的理论宣传胜任者

理想信念是人生的精神支柱, 只有坚定理想信念, 才能把牢政治方向而不会迷失。目前多元文化相互碰撞, 无论是西方针对某点刻意宣传, 还是对某敏感问题无限放大, 都是西化、分化、颠覆我国主流价值观的频频出招。大学生

消费各种信息，很容易丧失对本民族的自豪感和认同感，并逐渐亲近、认同甚至敬仰西方的价值观，导致对本土价值观的扭曲和理想信念的迷失。思政课必须为他们把握方向、指点迷津、答疑解惑，政治理论课教师要针对一些重大的政治问题和敏感的意识形态问题不回避，准确运用马克思主义的立场、观点和方法进行旗帜鲜明的释疑解惑，壮大主流思想舆论，做大做强正面宣传，特别是要切实把思想认识统一到习近平总书记系列讲话精神上来，更加自觉地在思想上、政治上和行动上同中央保持高度一致。做好理论宣传者，就必须打铁必须自身硬，政治理论教师必须心中有党，牢记宗旨，对党忠诚，始终坚持共产党的领导，始终坚守共产党人的精神追求，始终坚定马克思主义信仰，在任何时候对党的路线、方针、政策不能有丝毫的怀疑和动摇，必须做到思想上坚信不疑，行动上坚定不移。坚持不懈用中国特色社会主义理论体系武装头脑，认真学习马克思主义理论，领会党的路线、方针、政策，了解学科知识的热点前沿问题与发展趋势，把握国内外形势出现的新特点、新情况，要针对教学中的疑难问题进行科学研究，对当前意识形态形势进行透彻分析。政治理论教师只有自己真信，不断坚定理想信念意识，不断提高政治敏锐性、鉴别力，抵御敌对势力渗透，不断巩固马克思主义指导地位，自身才能具有坚定而自觉的马克思主义政治信仰，才能具有过硬的思想政治素质。有坚定的政治理论素养，讲课才能底气足，才能理直气壮，才能有说服力和感染力，才能打动人，才能对党中央的决策指示不折不扣地贯彻好、宣传好，才能牢牢掌握高校意识形态工作话语权，才能使课堂变成宣讲马克思主义的主阵地。

二、心中有民定位准——争做忠于职业、敢于担当帮助预备警官成长成才的心甘情愿服务者

心中有民就是牢记党的根本宗旨，坚持全心全意为人民服务，政治理论教师增强宗旨意识就是着力增强教学本领，教好书，讲好课，真正达到育人的目的，当好学生成长成才的服务者。面对新形势新任务，教师要勇于承担责任，承担历史赋予重任，忠于自己的职业良心，对待每一次课不搪塞、不懒惰、不推诿，要认真研究和深刻把握教学面临的社会背景，教育规律，大学生身心发展特点、思想动态和关注点，采用恰当的教学方法进行有效教学。没有扎实知识作为基础，势必变成空洞的说教，所以教师使自己的专业知识和能力水平不断与时俱进，在教学中始终坚持以学生为主体、以教师为主导，对教学资源进行有效整合，依据学生思想发展变化规律，针对当代大学生普遍关注的社会焦

点、热点和难点问题，与大学生日常生活密切相关的具体问题安排教学内容，并及时补充与更新内容。教师要服务好学生必须要多学知识，多以问题为导向，钻研业务，提升能力，狠练本领，要不断拓展知识视野，完善知识结构，不断提升政治觉悟和道德水平。只有具备崇高的职业道德水准、深厚的学科专业知识、广博的人文社会科学知识和优良的教学技能技巧，旁征博引、见解独到、慷慨激昂、信心满满地教育引导学生，才能逐渐使大学生树立正确的世界观、人生观和价值观，把大学生培养成中国特色社会主义事业的建设者和接班人。

三、心中有责任务明——争做责任感强、事业心旺帮助预备警官成长成才的干劲十足辅助者

心中有责就要清楚自己任务所在，要有事业心，努力为实现党肩负的使命而奋斗，要有责任感，自觉履行好自己教书育人的责任。思政课担负党、国家、民族和时代赋予的历史使命，关联大学生自身社会价值与自我价值的实现程度，因此政治理论教师的责任不同于其他专业课教师，其肩负的特殊使命是传承马克思主义意识形态领域的主导思想，传播主流价值取向，承载辅助大学生成长成才重任，并增强大学生道路自信、理论自信、制度自信，使其能自觉承担起实现伟大复兴中国梦的历史重任。教师自身素质的好坏，工作能力的高低，直接关系到教学各项工作能否扎实推进、取得实效，只有用马克思主义的立场、观点和方法，用通俗语言和鲜活实例解释理论，进行透彻的分析，才能帮助大学生答疑解惑，解决其成长中面临的实际问题。政治理论教师面对新时期、新形势、新使命、新常态，不能得过且过、尸位素餐，要勇于突破传统观念和方法束缚，运用新思维，静心定气，以时不我待的精神状态，不断拓宽知识领域，改善知识结构，做到博采众长、厚积薄发，在真抓实干中建功立业。坚持把干事创业的满腔热情与科学求实精神结合起来，学会在实践中摸索，在实践中创新，对教学手段、方法进行改革创新，运用案例教学和多媒体教学等方法和手段激活教学过程，用贴近现实、适时鲜活的内容吸引大学生兴趣，触及大学生的兴奋点和关注度，进一步提高思想政治教育的趣味性和实效性，吸引他们真正参与到教学中来，增强师生互动，启发学生思考，使政治理论教育更加生动活泼、富有亲和力，得到广大学生的尊重、欢迎和喜爱。马克思说："理论只要说服人，就能掌握群众；而理论只要彻底，就能说服人。"所以思政课只有成为大学生真心喜爱的课程，才能成为对其真正有用管用的课程，才能成为其保持正确政治方向、终身受益的人生修养课程。

四、心中有戒底线清——争做素质过硬、清白做人帮助预备警官成长成才的克己慎行示范者

心中有戒就要求把规矩和纪律作为高压线、红线、底线，不可触碰，同时具有法治思维，善用法治方式来推动工作。作为教师必须为人师表、率先垂范，带头践行自己倡导的价值体系和道德标准，遏制住贪心、惰心，管住欲望，明辨是非，防微杜渐，行所当行，止所当止。树立正确的价值观，践行社会主义核心价值观和人民警察核心价值观，自觉做到思想警醒，经济清白，生活健康，坚决抵制腐朽没落思想观念和生活方式侵蚀，始终保持共产党员的政治本色。习近平总书记深刻指出："要切实执行组织纪律，不能搞特殊、有例外，各级党组织要敢抓敢管，使纪律真正成为带电的高压线。"遵守党纪国法要有敬畏之心，坚守清白做人的底线，坚守党纪是不可触碰的"高压线"，法律是不可逾越的"雷区"。不断提升自我道德修养，吾日三省吾身，日积月累地提高自己、充实自己、完善自己，按本色做人，按角色做事，时时处处以党性约束自己的一言一行，严守政治纪律，遵守政治规矩，内心充满正能量。良好的修养、高尚的情操、特有人格魅力的呈现，学生会亲其师而信其道。继而以旺盛激情承担起教学使命，以积极健康的心态让工作见实效，使思想政治理论课教学产生预期的魅力和教学效果，从而达到培养人、教育人之目的。

以学生为本是高职院校政治理论教学的核心

包苏红

摘　要：政治理论教学是对学生进行思想政治教育的主渠道，在培养"四有"人才方面起到了重要的积极作用。以学生为本，探索政治理论教学的新模式。建立开放式的教学体系、构建政治理论课交感互动的教学模式，最大限度地挖掘教育者和青年学生的潜能，完成思想政治教育活动，实现思想政治教育的目的。

关键词：思政课；教学模式；实践探索

高职作为学生成长成才的阵地，在新的形势下，必须按照"高校教育，育人为本；德智体美，德育为先"的教育原则，忠实地履行好教育职责，在加强和改进学生思想政治教育工作方面积极探索、勇于作为。当前，对学生的思想政治理论教育应该进一步从传统的教育模式向全新的教育模式——以学生为本的思想政治教育模式转变，以适应新形势新变化。因此，职业教育不仅要实践教育的社会目标，还要表达教育的人文关怀精神，要把学生培养成既有生存技能，又兼具"真、善、美"人格魅力的完整个体。

一、目前高职政治理论教学存在的问题及原因

政治理论教学是对学生进行思想政治教育的主渠道，在培养"四有"人才方面起到了重要的积极作用。但是，政治理论教学的现状存在着一些不尽如人意的地方，如：部分学生厌学、教师厌教；人们对政治理论教学的认识存在误区；教学内容重复泛化，教学方法简单化；网络的巨大挑战等问题。

从学生方面看，厌学的主要原因有：第一，功利主义。认为政治理论课与所学专业无关，与就业不直接挂钩，学不学用处不大。第二，抵触情绪。受社会上不良因素影响，一些学生对政治理论课产生了一种莫名其妙的抵触情绪。认为思想政治教育就是一种"教化"，是空洞的说教，很多学生上政治理论课就是为混合格。

从教师方面看，厌教的主要原因有：第一，教师缺乏使命感。个别教师不能正确认识自己所从事工作的历史使命，缺乏高度的政治责任感和使命意识。第二，理论修养不够。有些政治理论课教师不能很好地系统掌握马克思主义理论，并运用马克思主义理论阐述解释现实问题。第三，教师基本功差。部分教师缺乏教学基本技能的训练，教学感染力不强，不能吸引学生；有的教师教学没有针对性，学生所想的、所关注的社会热点问题，得不到解惑；有的教师授课没有重点，语言平铺直叙，缺少感情投入，不能引起学生共鸣；有的教师授课内容层次不鲜明，缺乏逻辑性。

长期以来人们对政治理论课功能的认识存在误区，一方面夸大政治理论课的功能，即马克思主义理论和思想政治教育包罗万象，无所不能；另一方面，无视政治理论课的功能，对政治理论课的社会价值及对学生个体的价值不能客观地把握；还有一种错误认识就是把政治理论课教学内容泛化和政治化，由于体制、历史及现实的诸多因素，人们常常把政治理论课与政治紧密联系在一起，政治理论课的内容成了党的路线、方针和政策的翻版。更有人认为政治理论课是个筐，什么都可以往里装，使政治理论课一方面曲高和寡，另一方面难堪重负。这些认识，显然不利于政治理论课教学的健康发展。

政治理论课教学方法简单化、绝对化也是普遍存在的问题。年轻教师一味追求多媒体教学，制作的课件色彩缤纷，声、光、电交相辉映，影视动画交替出现，眼花缭乱，目不暇接，分散了学生的注意力，未必能起到教学的最佳效果。而多数老教师继续沿用一个教室、一名教师、一本教案、一支粉笔、一本教材的"五个一"方法，枯燥乏味，加重了学生的逆反心理。

还有不可小觑的是网络的广泛应用，以一种全新的方式在迅速改变着学生学习、生活和行为模式，成为影响学生价值观和人生观的又一新因素。对思想政治教学提出了新的挑战。

网络的出现和迅速发展为西方大国对社会主义国家实施"和平演变"战略提供了极大的便利条件。利用网络的便捷性和超地域限制，向他国青年学生传播错误思潮，借以削弱他国优良的文化、道德、传统和精神基础。"性自由""相对主义"等各种西方思潮信息充斥网络，使得社会规范、共同追求、是非观念被搁置一边，"所有生活方式"、价值信仰、行为方式都"合理"，无须理性和道德判断。这些网络垃圾造成大学生是非观念模糊，道德意识下降，导致社会主导价值观和积极向上的人生观对大学生的激励作用在减弱。

网络的虚拟化导致大学生的各种社会、心理问题日益突出，严重影响了广大学生的身心健康，加重了思想政治教学的任务。同时，网络的虚拟环境还会扭曲大学生的人格，导致个人中心主义、利己主义倾向，滋生放大了人性中的劣根性。

面对这些问题，如不寻求网络时代高校思想政治教学的新模式，努力提高学生的思想政治觉悟和鉴别是非的能力，势必会出现"垮掉的一代"，危及社会主义现代化建设事业和社会主义前途。

二、以学生为本，探索政治理论教学的新模式

（一）探索建立开放式的教学体系

1. 建立政治理论课程开放式教学意义重大

首先，建立开放式教学符合大学生的思想实际。从当代大学生思想状况来看，应该肯定其主流是好的。但经过对我院学生思想状况的多次调查分析，也显示出一部分学生对学习政治理论课必要性缺乏足够的认识，部分学生对于我国正处在一个伟大变革和发展的时代表示"体验和感受不多，因而对邓小平理论和'三个代表'重要思想在指导实践中所显示出的强大生命力认识不够"。因此，在理论课教学中，如何通过多种途径和渠道帮助学生进一步认识改革开放和现代化建设的历史进程，就成为能否增强大学生学习积极性，进一步提高教学实效性的关键。

其次，建立开放式教学符合思想政治教育的规律。马克思主义历来十分重视实践对人理想信念的确立和思想教育的影响，毛泽东提出"一切真知都是从直接经验发源的"。《毛泽东思想邓小平理论和"三个代表"重要思想概论》作为一门理论课，不仅是传授理论和知识，还必须把理论教育转化为学生的思想政治素质，使他们真正信仰马克思主义理论。而要做到这一点，根本的办法就是参加社会实践，只有在实践中才能验证理论的科学性，让学生真正感受到科学理论的强大生命力。

2. 开放式教学具体实施过程

教学前，精心组织学生参加假期社会调查活动，撰写社会调查报告——让学生带着感受学。将课程设置在第一个学年的第二学期开课，以便教师提前介入，在第一个学期结束后与有关部门一起部署学生进行以《我与改革开放同行》和《"三个代表"重要思想在——》为题的假期社会调查，并把调查报告的成绩纳入这门课考试的总成绩中。为使学生将毛泽东思想、邓小平理论和"三个代表"重要思想内化为自己的世界观、人生观和价值观，精心设计社会实践内容。每次考察后，应要求学生认真把自己的思想认识的变化、体会和经验写成调查报告。开学后，向同学们进行汇报，起到了把少数同学的思想转化成果让大多数同学分享的良好效果。

教学中，认真组织学生参观学习，撰写学习心得——让学生带着感情学。开课期间，组织学生到一些改革开放的先进典型区域参观学习。通过实地感受，使学生充分了解了我国改革开放所取得的伟大成绩。社会主义现代化事业的伟大实践成了一本活教材。

在教学安排上，把课堂系统讲授与专题系列讲座有机结合起来，将开放式教学融入各个教学环节——让学生带着兴趣学。采取"请进来"的方法，聘请一批校内外专家、学者、企业家举办专题系列讲座，使学生深刻感受到"三个代表"重要思想的强大生命力。要求教师必须在备课、讲授、辅导三个环节上认真下功夫，努力改进教学方法，将开放式教学融入"读"原著、"听"讲授、"谈"讨论、"看"教学片、"写"论文、心得等各个环节，最大限度地调动学生的学习兴趣和积极性，增强课堂教学的吸引力、凝聚力和实际效果。

（二）构建政治理论课交感互动的教学模式

交感互动这一新型的师生关系，强调以学生为本，强调师生间民主、平等、合作的关系。交感互动，将教师和学生都看成平等意义上的"人"，以师生平等和教学民主为基本前提，体现着平等对话和民主协商精神。

1. "三个贴近"的教师形象是创造交感互动教学模式的基础

教师是政治理论课教学的第一责任人。课堂教学中实现互动的关键要素是教师。为此，在长期的教学实践中逐渐形成这样的修炼：①不断贴近理论；②不断贴近社会；③不断贴近学生。

教师应该努力培养自己乐观、开朗的态度。教育工作是以人为对象的，教师要用知识启迪学生的心灵，用情感诉诸人的情感。努力锤炼自己用声情并茂的讲授、旁征博引的辨析、引人入胜的归纳、言传身教的人格魅力，赢得良好的教学效果。让学生在愉悦的情感体验中、不经意间渗透"价值引导"。

2. 良好的师生关系是创造交感互动教学模式的保证

良好的人际关系是在沟通中建立的。交感互动，首先在于互动双方要互相了解，当然，了解的前提是尊重，作为教师，要尊重学生的人格，主动去了解学生，疏通多种沟通渠道。课前，一到教室，便找学生聊天，可以是当天新闻热点，也可以是同学关心的校园生活。这样，学生在教学过程中便不再拘束，有什么意见见解大胆表达，互动便有了可能。师生交感互动教学模式虽然实施于课堂教学，但绝不囿于课堂范围，而是着力于课堂内外的有机结合，即较多地向课外延伸。另外，教师应该养成在学生中广做调查的好习惯，了解他们的喜怒哀乐，这有助于熟悉教学对象。政治理论课教师能够与学生建立良好的人际关系是一种教育能力。一个教师，如果没有这种能力，即使课讲得那么精彩、专业水平多么精深，也无法使他的"教育"产生真正的效果。

3. 课前准备是创造交感互动教学模式的前提

师生交感互动教学模式，看似教师在课堂上随心所欲、随机应变，实则需要教师有充分的课前准备，才能在学生不经意中发挥主导作用。课前准备包括三方面：一是科学研究储备。课上一小时，课下十年功。二是教学情境准备。在互动教学中，教师是"导演"，学生是"演员"，教学内容是"剧本"。在课堂教学中，教师可以从学生的生活经历体验、已有知识水平、兴趣爱好、社会和自然现象与教学内容相关的旧知识等方面考虑。总之，交感互动的教学，需要教师既熟悉了解学生，又对教学内容熟稔于心；既忠实教材，又不拘泥于教材。三要注意合理选择和运用教学媒体。课堂教学以信息交流为主要活动载体，媒体在教学中的作用不可低估，需要充分利用现有的教材、板书、光盘、录像、录音、VCD、多媒体课件、幻灯、投影等多种媒体进行教学。例如，我在"中国社会主义发展战略"一课的课程设计中，结合了一个学生普遍感兴趣的话题，利用电子课件，投影显示：如何认识改革开放取得的成果？选取1978以来的老照片来对比说明，让学生清楚了解题意，有利于课堂内展开充分互动式讨论。

4. 激活课堂氛围是创造交感互动教学模式的关键

课堂教学是实现教师主导作用和学生主体地位的主渠道。要实现互动，最有效的方式是组织活动，如联系学生实际问题的讨论、扩大学生视野的录像片、或引人入胜的讲述等。教师在引导学生进入真实或模拟的体验情境过程中，应注意充分调动学生的情感。为激活教学氛围，教师可以教材为依据，采取问题情境激励，也可以根据对学生的了解和课前准备来创设问题情境，激起学生的求知欲、好奇心。只有当学生在情感上真正投入了，他们的体验过程才会深入，才会有实效。教学中，教师不妨与学生角色换位，让学生围绕课前设计的问题，从各个不同角度对该问题做分析，得出自己的结论，甚至让两种截然不同的观点公开辩论。教师也可走下讲台坐在学生中间，而让学生走上讲台充分展示，提升学生的自我效能感。通过课堂教学激励，将学生的思考不断引向深入，把矛盾逐步加以披露。就在学生心理矛盾交错、欲解难解之际，教师高屋建瓴，进行点拨，不断帮助学生提炼观点，总结归纳，到达知识的彼岸。这样的启发教学，往往使人感到豁然开朗，使认识达到新的高度。有句话说得好："学生就像是老师的一件件作品，教师用生命雕琢，用心灵欣赏，用回忆和品味来收获人生的财富，当教师以欣赏的眼光看学生时，自己也会感受到一种幸福和对教师职业的喜爱。"

以学生为本的教育思想运用于思想政治教学中，其关键就是要最大限度地挖掘教育者和青年学生的潜能，完成思想政治教育活动，实现思想政治教育的目的。

参考文献：

[1] 史巍. 培育群体精神在社会主义核心价值观有效落实中的重要作用[J]. 思想政治研究，2022（1）：71-78.

[2] 张蕾. 做好结合文章 上好"大思政课"[J]. 思想政治工作研究，2022（1）：38-39.

03

第三篇

| 课程思政篇 |

《警用装备使用与控制》课程思政课例

一、教师简介

马涛，男，内蒙古警察职业学院警体教学部综合科四级调研员。主讲《警械装备使用与控制》《警用武器使用》课程。主持参与自治区、院级课题多项，在国家级、省级等刊物发表论文12篇；被内蒙古公安厅分别授予集体二等功一次、个人三等功两次、个人嘉奖三次，获自治区高等学校"教坛新秀"，自治区公安机关"有为青年"，全区职业院校体育工作者"先进个人"；内蒙古警察职业学院"教学能手""四有好干部""我最喜爱的老师"，多次评为学院"优秀共产党员""优秀公务员"等称号；辅导学员获全国公安机关警务实战教官技能比武及警察院校教学技能大赛一、二、三等奖等多项荣誉。

二、课程简介

《警用装备使用与控制》课程是我院公安类专业开设的专业基础课，也是公安专业大二开设的必修课程。主要讲授人民警察现场执法中，依法使用各类警用装备警务实战技能。警用装备是人民警察现场执法，打击犯罪行为的重要形式，该课程的性质及内容不仅在人民警察现场执法中起着极其重要的主导地位，还体现了国家武装力量在维护国家安全社会稳定中具有积极作用。

本门课程深入贯彻落实习近平总书记关于教育的重要论述和全国教育大会精神，深入实施《高等学校课程思政建设指导纲要》，结合人才培养目标、警察职业精神及课程教学目标，培养"对党忠诚、服务人民、执法公正、纪律严明"的公安铁军，锤炼警务技能，淬炼意志品质，外练筋骨皮，内练意志力，在刻苦训练警务技能的同时，潜移默化地融入思政元素，将思政内涵与思政元素巧妙设计在每个课程单元，采用"课堂教学训练+现场警情处置"的课程思政教学体系进行教学。通过"课堂"+"现场"相结合的教学模式，引导学生牢记以习近平新时代中国特色社会主义理论为行动指南，从思想行动上坚决捍卫"两个确立"，坚决做到"两个维护"，不断增强"四个意识"，坚定"四个自信"，塑造"讲政治、爱人民、能战斗、守纪律、能吃苦、勇奉献"新时代高素质警务人才，构建全方位多角度的警察职业教育课程思政育人模式。

三、课例

（一）教学目标

1. 本讲的课程思政目标

（1）通过"抗疫期间身边的警察感人故事"，从思想上端正学生从警态度和入警动机，树立正确的警察职业观，牢记人民公安为人民，人民警察爱人民的真实情怀，使学生深刻理解人民警察肩负的职责与使命。

（2）在国家和人民生命财产安全受到侵害时，人民警察冲锋在前保护人民。在面对危险和犯罪分子的威胁时，人民警察敢于亮剑，利剑出鞘。打击犯罪、惩恶扬善，培养学生吃苦耐劳、临危不惧、勇敢睿智、听党指挥的意志品质。

（3）掌握防暴盾牌与应急长棍的组合实战应用技能，根据不同警情快速研判，在执法现场第一时间快速有效使用警用装备，完成制止犯罪行为，维护社会稳定的光荣使命，朝着习近平总书记提出"三个绝对""四个铁一般"方向不断努力。

2. 案例如何体现课程思政教学目标

教师课前通过钉钉教学软件平台向学生发布"抗疫警察感人事迹"任务，要求学生收集新冠疫情防控中身边警察感人事迹资料，并制作5分钟PPT；课上通过教师亲身参加社区疫情防控"敲门行动"真实案例，导入人民警察为人民、人民警察爱人民的主题，同时引导学生以小组为单位进行讨论发言；串讲"抗震救灾""抗洪抢险"行动中，人民警察为保护国家和人民生命财产安全冲锋在前的感人事迹，总结新时代人民警察应具备的政治素质，培养学生以身边优秀警察模范为榜样，树立正确的警察职业观；通过"某市现场执法抓捕控制持刀嫌疑人"的案例，讨论执法现场抓捕过程的成功之处，激发学生执法为民、勇敢睿智、不怕牺牲的意志品质，在学习成功之处的同时，分析警组配合存在的不足，最后通过另一起"成功案例"进行对比，层层递进，根据公安专业人才培养目标和岗位任职要求，利用实训设施采用情境化教学，以警察在遭遇犯罪嫌疑人暴力反抗或袭击时使用盾棍组合进行制服为载体进行教学设计，完成盾棍戒备、警组步法移动、防守反击、善后处结的完整过程；开展"课前预习、课上实训、课后提升"的教学活动；注重全过程课程思政融入，从现场模拟嫌疑人持握橡胶、海绵材质的刀斧棍棒，到使用真实金属刀、斧进行砍杀，把培养学生心理抗压能力贯穿于整个教学过程中，真正做到内外兼修，品行兼备的教学课程。

（二）课程思政案例内容

1. 案例的引出

习近平总书记说过："人民警察队伍是一支有着光荣传统和优良作风的队伍，也是和平年代牺牲最多、奉献最大的队伍。"在新冠疫情防控期间，人民警察在关键时刻临危受命，挺身而出、冲锋在前，他们用青春甚至生命，为人民群众筑起一道铜墙铁壁。

（1）教师把自己亲身参加社区疫情防控"敲门行动"真实经历分享给同学们，以第一视角讲述身边发生的感人故事，引导学生树立正确的"从警态度、入警动机"，塑造学生"人民公安为人民、人民警察爱人民"的鱼水情怀，培养正确的警察职业观。

（2）课堂深入：串讲"抗震抢险""抗洪救灾"事迹中人民警察深入险境，救助受灾群众感人事迹。引导学生思考"新时代人民警察应具备的政治素质"。

（3）分析"现场制服持刀嫌疑人"的真实案例，培养勇敢睿智，敢于亮剑的精神。

（4）通过现场实训，培养学生吃苦耐劳、听从指挥、服从命令、团结协作、甘于奉献的政治素养。

2. 案例内容

案例一：

"某市现场执法抓捕控制持刀嫌疑人"的案例视频。

（1）案例形式：

分段播放+讲授+小组合作探究。

（2）案例涉及的警用装备使用技能及价值导向

2018年5月下旬，某市闹市区发生1名嫌疑人持刀砍伤无辜群众案件，嫌疑人仍在现场，辖区民警接到110指挥中心指令后，立刻到达执法现场，面对手持菜刀的嫌疑人，处警民警快速研判，果断处置，但是在控制嫌疑人的过程中，主抓捕手民警头部被砍伤，鲜血瞬间染红了警服，虽然鲜血直流，但主抓捕手民警依然牢牢抓住嫌疑人，直到警组其他警员协力把嫌疑人摔倒，使用手铐约束住嫌疑人后，主抓捕手民警才离开现场治疗伤口。本案例中，主抓捕手民警在面对手持菜刀的嫌疑人，英勇无畏、忠诚履职、舍生忘死，用热血铸就警魂，用行动保一方平安。

案例二：

"某市现场制服持刀行凶嫌疑人"的成功案例视频。

（1）案例形式：

分段播放+讲授+小组合作探究

（2）案例涉及的警用装备使用技能及价值导向

2020年7月中旬，某市发生一名嫌疑人持刀行凶案件，人民警察第一时间赶到现场进行现场处置，警组成员根据现场实际情况，科学研判、分配警力，运用防暴盾牌、应急长棍等装备组合应用，以迅雷不及掩耳之势，将嫌疑人控制在地面，使用手铐将其约束，并押解带离现场，整个处置过程，安全、快速、有效，体现了习近平总书记提出的"铁一般的理想信念、铁一般的责任担当、铁一般的过硬本领、铁一般的纪律作风"的"四个铁一般"总要求。

通过两段案例视频对比分析，作为新时代人民警察，除要具备的过硬政治素质外，还需具备过硬的警务实战能力，在执法过程中，每位民警都要保持高度的戒备意识，同时要团结协作、相互配合，形成心往一块想，劲往一处使的临战心理状态，形成1+1>2的实战理念。

（三）如何达成课程思政预期目标：采取适宜的教学方法和教学模式。

本讲的内容是如何现场处置持刀嫌疑人，通过课堂讲授、案例分析、小组探究，使学生端正了入警动机及警察职业观，牢固树立以习近平总书记对于警察队伍提出的要求为行动指南，从思想上和行动上践行正确的警察职业观，全心全意为人民服务的宗旨。

（1）在具备政治素质的同时，开展实战中的盾棍组合戒备、步法移动实训：教师讲解示范持盾戒备、持棍戒备动作要领、实战应用形式及盾牌手戒备与长棍手戒备动作转换的时机与要求，组织学生开展盾牌手戒备与长棍手戒备动作转换实训，随后2人一组进行场景训练，根据情况选择戒备形式转换，并强调学生在执法中注重法言法语使用，以及自信果敢的职业精神。

（2）开展模拟案情实训：讲解情景对抗内容、方法及注意事项，组织学生开展遭遇犯罪嫌疑人反抗徒手袭击、持棍棒、持刀斧砍杀袭击实训，强调学生在执法中注重法言法语，强化规范执法程序意识、团队协作意识、勇敢睿智、沉着冷静的职业精神,提高学生现场快速研判、实战及时决策、防控灵活应对的能力;增强执法的程序、战术、职业意识。

(3)课后整改与提高:利用钉钉软件教学平台或班级微信群,师生交流沟通学习体会,利用课余时间进一步完善教学内容以及教学方法,强化新时代人民警察应具备的政治素质及警务实战能力,通过撰写心得体会、制作PPT,梳理与归纳警用装备在现场执法的重要意义,结合当前我国人民警察现场的实际执法能力,积极调整相关结构与内容,以"课堂教学+现场执法"的形式,推进警用装备使用与控制向前发展。

(四)案例设计(教学设计)

《警用装备使用与控制》课程思政案例教学设计

系部	警体教学部	教师	马涛	授课专业	刑事侦查
课程名称	警用装备使用与控制	学时	32	课程性质	专业基础课
案例名称	持刀嫌疑人的抓捕		所在章节		第十三节
知识点	防暴盾牌与应急长棍的实战应用				
育人目标	(1)根据人才培养目标,全面贯彻党的教育方针,落实立德树人根本任务,落实习近平总书记对公安队伍提出的"对党忠诚、服务人民、执法公正、纪律严明"的总要求。通过"抗疫期间身边的警察感人故事",从思想上端正学生从警态度和入警动机,树立正确的警察职业观,牢记人民公安为人民,人民警察爱人民的真实情怀,使学生深刻理解人民警察肩负的职责与使命; (2)在国家和人民生命财产安全受到侵害时,人民警察冲锋在前,在面对危险和犯罪分子的威胁时,人民警察敢于亮剑,利剑出鞘,打击犯罪、惩恶扬善,培养学生吃苦耐劳、临危不惧、勇敢睿智、听党指挥的意志品质; (3)掌握防暴盾牌与应急长棍的组合实战应用技能,根据不同警情快速研判,在执法现场第一时间快速有效使用警用装备,完成制止犯罪行为,维护社会稳定的使命,朝着习近平总书记提出的"三个绝对""四个铁一般"方向不断努力。培养其刻苦训练与坚韧不拔的意志品质,认真细致、自信果敢及崇尚警察荣誉的职业精神。				

续表

教学内容	融入元素	契合形式
课前：收集资料，主动思考。 要求学生收集"抗疫期间"身边的警察感人事迹材料。 思考： "新时代人民警察应具备的政治素质"？	人民公安为人民，人民警察爱人民的真实情怀，端正从警态度和入警动机。	学生通过互联网、手机等平台积极查询相关信息，培养学生以身边优秀警察模范为榜样，树立正确的警察职业观。
课中：分析研讨　掌握新知 一、准备部分（约5分钟） 1. 教师下达队列口令，指挥学生队伍，快速调动学生进入上课学习训练状态； 2. 班长集合班级队伍，报数后，向教师"敬礼"报告班级应、实到人数； 3. 教师下达课程内容与要求。 投影区	听党指挥、服从命令、纪律严明、作风优良。	通过下达"队列口令"调动学生队伍排面，整齐划一，精神饱满。通过师生相互敬礼，培养警察职业仪式感，达到令行禁止。

续表

教学内容	融入元素	契合形式
情景一：温暖贴心警察蓝 课堂导入：（20分钟） 1."最美逆行者"抗疫期间的身边警察感人事迹。 2. 串讲人民警察"抗洪、抗震抢险"，深入险境，救助受灾群众感人事迹。 讨论1： "新时代人民警察应具备的政治素质" 同学们通过讲述感人事迹，积极发言，从不同角度阐述人民警察为人民的优良传统。教师根据课程教学内容，深入提炼与课程内容相关的从警价值观、吃苦耐劳、甘于奉献等思政元素。	人民警察在关键时刻临危受命，挺身而出、冲锋在前，他们用青春甚至生命，为人民群众筑起一道铜墙铁壁。	教师把自己亲身参加社区疫情防控"敲门行动"真实经历分享给同学们，以第一视角讲述身边发生的感人故事，激发学生树立为人民服务的宗旨。

续表

教学内容	融入元素	契合形式
情景二：英勇无畏的警察蓝 讨论2： 在面对手持刀斧的犯罪分子时，警组成员要做好哪些准备？ （1）警用装备的检查佩戴； （2）警组成员的任务分工； （3）临战状态下的心理调适； （4）警组成员间技、战术的良好配合。 二、示范与讲解（20分钟） 1. 理论提示：教师讲解示范持盾戒备、持棍戒备动作要领、实战应用形式及盾牌手戒备与长棍手戒备动作转换的时机与要求，组织学生开展盾牌手与长棍手戒备动作转换实训，随后2人一组进行场景训练，根据情况选择戒备形式转换，并强调学生在执法中注重法言法语使用，以及自信果敢的警察职业精神；	面对"持械伤人"的嫌疑人，人民警察牢记使命、忠诚履职，在现场处置手持刀斧的嫌疑人时，临危不惧，迎难而上，果断处置的意志品质。 吃苦耐劳，团结协作，刻苦训练树新风，艰苦磨炼强意志。	通过两个持械伤人案例的分析和对比，使学生更加直观的理解，除具备过硬的政治素质外，还需具备过硬的警务实战能力，在执法过程中，每位民警都要保持团结协作、相互配合的意识。

续表

教学内容	融入元素	契合形式
2. 组织全体学生进行盾棍组合现场实训 （1）实训前的热身及关节活动操； （2）防暴盾牌与应急长棍步法移动训练； （3）盾牌防守，长棍进攻，防守反击； （4）盾牌进攻，长棍进攻，连续进攻。	强化规范执法程序意识、团队协作意识、勇敢睿智、沉着冷静的职业精神。	通过盾棍组合训练，融入警务实战理念，经过多次反复练习，不断增强学生团结协作，积极向上，不怕苦，不怕累的意志品质。
三、模拟警情 现场处置（40分） 1. "嫌疑人"持海绵棍，进行砍杀； 2. "嫌疑人"持橡胶刀、斧进行砍杀； 3. "嫌疑人"持金属刀斧，进行砍杀。 **四、课终总结（5分钟）** 1. 总结本次课的教学内容及效果； 2. 对本次课表现好的同学进行表扬，对于表现不好的学生，予以提醒或警告； 3. 布置课下作业。 课后整改提升：	警察综合职业素养	组织学生开展遭遇犯罪嫌疑人反抗徒手袭击、持棍棒、持刀斧砍杀袭击实训，强调学生在执法中注重法言法语，提高学生现场快速研判、实战及时决策、防控灵活应对的能力。 进一步完善教学内容，利用课余时间，与学生互动交流。

《刑事诉讼法》课程思政课例

一、教师简介

刘兰，女，内蒙古警察职业学院法律系刑事法律教研室教师。主讲《刑事诉讼法》《刑法》课程。主持参与学院、教育厅课题多项，荣获学院"教案评比"一等奖，学院"第一届青年教师教学技能竞赛"二等奖，被评为学院"优秀教师"。主讲的《刑事诉讼法》课程为校级重点课程思政项目。

二、课程简介

《刑事诉讼法》是一门实践性、操作性很强的学科，是公安机关办理刑事案件的重要法律依据。《刑事诉讼法》课程作为一门专业基础课，为各专业课程教学提供了刑事程序法律基础知识理论及制度规范化的渊源，彰显课程的丰富内涵和刑事程序法的独立价值。本课程承载着重要的思想政治教育功能，奠定着教与学主体的法治理念，尤其是程序法治理念的形塑基础，同时也包含着一种职业素养锻造和职业精神培育。课程以中国特色社会主义法治理论为指导，贯彻党关于思想政治的政策，聚焦政治认同、家国情怀、品德修养、职业精神等方面的价值引领，着力培养政治立场正确坚定、法治文化自信、"德法兼修"的警务工作接班人。

三、课例

（一）教学目标

1. 本讲的课程思政教学目标

（1）理解掌握刑事诉讼证明的标准，学会运用证据规则判断刑事诉讼证据可否采纳，掌握正确分析判断证明标准的能力，从"疑罪从无"中感受司法的进步,感受我国法治文明的进步。

(2) 牢固树立证据法治理念、证据裁判意识,适应法治国家和司法文明建设的需要,彰显社会公平正义,尊重保障人权,弘扬社会主义核心价值观。

(3) 搜集审查证据需要精益求精、一丝不苟,用"工匠精神"的专业素养打击犯罪,实现社会公平正义。

2. 案例如何体现课程思政教学目标

通过对真实案例"陈辉案"进行小组合作探究,以小组为单位进行讨论总结,层层递进,理解掌握刑事诉讼证明对象、证明责任和证明标准,坚持"疑罪从无"理念,尊重保障人权意识,并在合作中激发团队精神和创新意识,同时在探讨中感悟收集运用证据时,需要侦查人员持有的"工匠精神"职业素养;通过习近平总书记关于"$100-1=0$"的奇特公式,结合内蒙古冤案错案"呼和案",从反面阐释收集、运用证据证明案件事实的重要性,明确实现司法公正的意义;最后通过课后作业,让学生思考:在未来侦查工作中如何切实防范冤假错案的发生?从而坚定其理想信念,具备专业素养,坚守职业道德。

(二) 课程思政案例内容

1. 案例的引出(2分钟)

问题导入:在美国辛普森案中,几乎所有证据都指向辛普森,但是很多证据模棱两可,最终法庭裁决辛普森无罪。这起案件也引起巨大争议,成为美国历史上的经典案例。中国也有类似的案子,被称为"中国版辛普森杀妻案",曾被评为"昆明中院2016年度精品案例"之首,该案件引起的争议丝毫不逊色于辛普森案。

看视频时,记录:在本案中公安机关收集到哪些认定主人公为凶手的证据材料?收集这些证据是用来干什么呢?运用这些证据材料,能否认定陈辉就是杀人凶手呢?

2. 案例内容

案例一:

(1) 案例形式:

剪辑版"陈辉案"视频(分段播放)+讲授+小组合作探究

(2) 视频名称:《难寻的真相》

时长:三段共14分37秒

视频来源:今日说法

(3) 案例涉及的法律问题及价值导向

2012 年 3 月 8 日深夜，昆明的陈辉涉嫌杀害同居女友，警方收集到的各种证据都指向他（捆绑尸体的胶带内侧有他的指纹，死亡时间，最后短信时间等等），公诉人认为，大量的证据证明陈辉构成故意杀人罪。虽然警方找出不少间接证据，但一直没有找到证明陈辉杀人直接证据。最终，昆明中院认为，本案没有证明被告人陈辉故意杀人的直接证据，公诉机关指控陈辉犯故意杀人罪，证据不足，指控的犯罪不能成立，据此宣判陈辉无罪，也让杀妻案成了至今没能解决的悬案，被称为"云南版辛普森杀妻案"。

因为证据不足，陈辉被宣判无罪，充分体现了"疑罪从无"的法治精神。在实施事关人身自由和生命权的刑法时，容不得半点主观猜测式的"有罪推定"，"疑罪从无"原则成为现代刑事法律的重要精神。疑罪从无是法治精神的应有自信与担当。

"法者，公天下持平之器。"公平正义始终是人类社会追求的目标，尤其在刑事司法领域，古今中外所有文明国家的法律无不蕴含着对公平正义的追求。要实现刑事案件中的公平正义，至少有两个必要逻辑节点：一是还原真相，以实现"以事实为依据"；二是正确适用法律，以实现"以法律为准绳"。

案例二：

(1) 案例形式：

播放视频+讲授

(2) 视频名称：《100-1=？读懂<将改革进行到底>里习近平总书记提到的这个奇特公式》

时长：3 分 37 秒

视频来源：央视网

(3) 案例涉及的法律问题及价值导向

作为社会主义核心价值观的重要组成部分，公平正义是人民群众获得安全感和幸福感的重要保障。而司法就是守护公平正义的最后一道防线。

刑事诉讼的目的在于查明案件真相，找回被扭曲的司法公平正义是人民群众获得安全感和幸福感的重要保障，是实现司法公平正义的载体。习近平总书记曾对政法机关提出明确要求和努力目标，"努力让人民群众在每一个司法案件中都能感受到公平正义"，这体现了我国经济社会发展的必然要求和人民群众的殷切期待，也是刑事诉讼法的价值追求。刑事诉讼法就是研究如何通过证据确保在每一起具体的案件中让证据"说话",实现公平正义。对于公安执法人员而言,依法收集和运用证据认定案件事实,是侦查环节实现公平正义的前提。

因此,公正是法治的生命线,司法公正对社会公正具有重要引领作用,司法不公对社会公正具有致命破坏作用。正确收集和运用证据查明案件真相,是法治的实践路径和根本保证,是司法公正的前提。

法之所向,民之所盼。"100-1=0"这个奇特的公式,浓缩了习近平总书记治国理政思想中关于公平正义和司法改革的精髓。2020年习近平总书记在中央全面依法治国工作会议上对司法为民提出了新要求:公平正义是人民的向往、幸福的尺度。由此可见,在习近平总书记心中,维护社会公平正义占有重要分量。

通过分析"呼格案",引出证据的收集和运用问题,以反面案例入手,让学生领会正确运用证据证明案件事实的重要性,掌握运用证据解决权利义务争端的能力,树立起程序公正的法治思维和法治精神,认识到错误运用证据而铸成错杀冤案,直观感受证据的证明意义,从而建立起证据意识来指导将来的执法活动。

案例三:

(1) 案例形式:

课后观看

(2) 视频名称:《即将逮捕》

时长:33分24秒

视频来源:搜狐视频

(3) 案例涉及的法律问题及价值导向

影片《即将批捕》是以"群众最喜爱的检察官"彭少勇指导查办并依法监督纠正王玉雷故意杀人案件的真实事迹为素材创作拍摄而成的。彭少勇的事迹反映的法治意义是当下特别需要的,即要让人民群众从每一个司法案件中感受到公平正义。王玉雷案中彭少勇防止了一起重大冤案的发生,体现了公平正义,引起了社会各界的普遍关注。

（三）分析讲解

1. 重点分析：案例与本讲内容的关联度

本讲的内容是刑事诉讼证明，主要包括证明的概述、证明对象、证明标准、证明责任，通过课堂讲授、小组探究、实训，使学生掌握刑事诉讼证明的相关知识，学会运用收集的证据分析真实案例，认定案件事实。

证据是正义的基础，证据裁判是严格公正司法的基石，要保障每一起案件都能实现公平正义，必须依赖充分、可靠的证据。通过层层剖析案例一"陈辉案"的证据材料，引出刑事诉讼证明的证明对象有哪些，证明需要达到什么标准以及证明的责任分担，通过分析真实案例的运用证据证明案件事实问题；案例二通过援引习近平总书记高屋建瓴的讲话，强调公平正义对公安司法工作的重要性，公平正义是司法机关的生命线，是司法工作的方向盘，对司法具有导向作用；案例三通过学生课后观看视频，运用刑事证据及证明知识，学以致用，发人深思，深思公安司法机关在侦查过程中如何避免冤假错案的发生。

2. 如何达成课程思政预期目标：采取适宜的教学方法和教学模式。

（1）通过小组合作对"陈辉案"的分析，激发学生学习兴趣使学生更好学习掌握刑事诉讼证明相关知识。更重要的是，在小组合作过程中，体验感悟侦查过程中收集、运用证据认定案件事实的过程，同时锻炼合作探究能力及语言表达能力。

问题初步设计为：在本案中公安机关收集到哪些认定主人公为凶手的证据材料？收集这些证据是用来干什么呢？运用这些证据材料，能否认定陈辉就是杀人凶手呢？

（2）通过学习习近平总书记的讲话精神，使学生更好感悟习近平总书记对司法为民提出的新要求，树立严格规范公正文明执法意识，提高司法公信力，保护人民权益、伸张正义。通过"呼格案"设问，引导学生深入思考：为什么会有冤假错案的发生？如何才能让正义不再迟来？

（3）课后作业，公安机关在侦查过程中，如何切实防范冤假错案的发生？强化学生对于刑事侦查阶段的公平正义、公安机关在司法改革中应当发挥的作用有进一步认识。

（四）案例设计（教学设计）

《刑事诉讼法》课程思政案例教学设计

系部	法律系	教师	刘兰	授课专业	刑事侦查
课程名称	刑事诉讼法	学时	32	课程性质	专业基础课
案例名称	刑事诉讼证明			所在章节	第十章第一节
知识点	刑事诉讼证明				
育人目标	（1）牢固树立证据法治理念、证据裁判意识、程序意识，适应法治国家和司法文明建设的需要，彰显社会公平正义，尊重保障人权，弘扬社会主义核心价值观； （2）搜集审查证据需要精益求精、一丝不苟，用"工匠精神"的专业素养打击犯罪，实现社会公平正义； （3）从"疑罪从无"中感受司法的进步，我国法治文明的进步，增强制度自信、道路自信。				

教学内容	融入元素	契合形式
课前：查阅资料 初步感知 让学生查阅美国"辛普森杀妻案"材料。 思考： "辛普森案"中美国警方收集到哪些证据？ 你认为法院的判决是否正确？	法治思维 辩证思维	引导学生树立辩证唯物主义思维方法，运用法治思维分析问题。
课中：合作探究 掌握新知 在刑事诉讼中，证明是最重要的诉讼活动，是确定案件事实的唯一方法，是正确适用法律的基础，对司法公正具有重要意义。		选取真实案例，激发学生学习兴趣及参与热情。

续表

教学内容	融入元素	契合形式
情景一：梳理案情　整理证据 讨论1： 侦查机关收集到哪些认定犯罪嫌疑人有罪的证据？据此能否认定犯罪嫌疑人有罪？ 一、证明对象 　　确定证明对象，对于司法人员明确具体案件需要证明的各种问题，有目的、有重点、有计划地调查收集证据，及时查明全部案件的真实情况，正确适用法律来处理案件是有重要意义的。 　　由于刑事案件错综复杂，法律上难以做出统一的具体规定，因而就需要办案人员根据具体案件的情况和特点，依照《刑法》关于犯罪构成的规定和《刑事诉讼法》的有关规则，经过分析研究确定。 　　一般来说，刑事诉讼的证明对象包括实体法事实和程序法事实两个方面。 　　《公安机关办理刑事案件程序》规定： 　　证明对象包括：犯罪嫌疑人的身份；立案侦查的犯罪行为是否存在；立案侦查的犯罪行为是否为犯罪嫌疑人实施；犯罪嫌疑人实施犯罪行为的动机、目的；实施犯罪行为的时间、地点、手段、后果以及其他情节；犯罪嫌疑人的责任以及与其他同案人的关系；犯罪嫌疑人有无法定从重、从轻、减轻处罚以及免除处罚的情节；其他与案件有关的事实。	团队意识 创新精神 精益求精	以小组为单位进行讨论总结，激发团队精神和创新意识；在整理证据时要一丝不苟、精益求精，培养"工匠精神"专业素养。

续表

教学内容	融入元素	契合形式
情景二：讨论案件　待证事实 讨论 2： 在本案中，警方如要认定陈辉为凶手，需要查明的案件事实有哪些？ 二、证明责任 证明责任也称举证责任，是指人民检察院或者当事人应当收集或者提供证据证明应予认定的案件事实或有利于自己的主张的责任；否则，将承担其主张不能成立的风险。证明责任所要解决的问题是，诉讼中出现的案件待证事实应当由谁提供证据加以证明，以及在诉讼结束时，如果案件待证事实仍处于真伪不明的状态，应当由谁来承担败诉或者不利的诉讼后果。 证明责任有三个特点： 1. 证明责任总是与一定的诉讼主张相联系； 2. 证明责任是提供证据责任与说服责任的统一； 3. 证明责任总是与一定的不利诉讼后果相联系。 我国刑事诉讼证明责任的分担—由控方承担。证明犯罪嫌疑人、被告人有罪的责任，由执行控诉职能的国家专门机关承担，即由人民检察院承担。自诉案件的自诉人应当对其控诉承担证明责任。	具体问题 具体分析	通过学生合作讨论本案中的待证事实，提高其参与度，要以科学严谨的态度研究案件的证明对象。

续表

教学内容	融入元素	契合形式
情景三：明确责任　配合协作 讨论3： 在整个案件过程中，警方是否需要承担证明责任？ 三、证明标准 　　刑事诉讼中的证明标准，是指法律规定的司法人员运用证据证明案件事实需要达到的程度。依据刑事诉讼法的有关规定和诉讼理论，我国刑事诉讼的证明标准应当是：案件事实清楚，证据确实、充分。 　　在刑事诉讼法的各个诉讼阶段，由于诉讼行为的不同，证明的标准也有所不同。我国刑事诉讼法中各诉讼阶段的证明标准： 　　1. 立案阶段：有犯罪事实发生需要追究刑事责任。 　　2. 逮捕阶段：有证据证明有犯罪事实。 　　3. 在侦查终结、审查起诉、有罪判决的阶段：犯罪事实清楚，证据确实、充分。 　　所谓案件事实清楚，是指构成犯罪的各种事实情节或者定罪量刑所依据的各种事实情节，都必须是清楚的、真实的。 　　《刑事诉讼法》对于"证据确实、充分"的具体标准也做了明确的规定。根据规定，证据确实、充分，应当具备以下条件：定罪量刑的事实都有证据证明；据以定案的证据均经法定程序查证属实；综合全案证据，对所认定事实已排除合理怀疑。	科学严谨	培养学生作为公安队伍后备力量，在刑事案件侦查中的职责使命感，同时也要逐步树立法治思维，依照法律规定执法。

续表

教学内容	融入元素	契合形式
情景四：合作梳理　争议焦点 讨论3： 　　本案中，控辩双方争议的焦点有哪些？ 　　案件里的几个关键证据，比如手机短信，指纹等，都是间接证据，陈辉对他们都能做出合理的辩解，且警方也无法证明他的辩解造假。这样一来，关于证据的疑问没法排除，证据不具有唯一性和排他性，并未形成证据链。 　　对于这种既有相当的证据说明犯罪嫌疑人、被告人有犯罪嫌疑，但全案证据又未达到确实充分的要求，不能确定无疑地作出犯罪嫌疑人、被告人犯罪结论的案件，我们称之为疑案。对于疑案的处理，我国刑事诉讼法中有明确的规定：人民检察院在审查起诉阶段，经过两次补充侦查仍然认为证据不足，不符合起诉条件的，应当作出不起诉的决定。同时，还明确规定：人民法院在审判阶段，经过法庭审理，合议庭对证据不足、不能认定被告人有罪的，应当作出证据不足、指控的犯罪不能成立的无罪判决。不难看出，在我国，对于疑案，坚持了疑罪从无的原则。简单来说，就是现有证据没法百分百证明被告犯了罪，在这种情况下，不能判他有罪，只能按照没有犯罪处理。	职责使命 依法执法 辩证思维 公平正义 保障人权 制度自信	通过分析本案控辩双方争议焦点，使学生学会运用辩证思维分析解决问题的能力。 层层剖析案件，坚持"疑罪从无"理念，尊重保障人权，实现社会公平正义。

续表

教学内容	融入元素	契合形式
现实不像电影，自带上帝视角，只有从现有证据出发，一步步推理才能找出真凶，最终还受害者清白。在法庭上，只有证据，没有事实！尤其是2012年以来，刑事诉讼对证据的要求越来越严格，这就要求我们侦查人员必须将以证据为核心的侦查观念贯穿于整个侦查过程，并且使所收集、固定的证据客观、真实、全面，经得起庭审的质证。 　　一个错案的负面影响，足以摧毁九十九个公平裁判积累起来的良好形象。执法司法中万分之一的失误，对当事人就是百分之百的伤害。有些时候，在缺乏刑侦和法律知识的围观党眼中"这么明显的真凶"或许真的只是一个无辜的人。为什么要坚持疑罪从无？为什么要确立非法证据排除原则？不冤枉一个好人，不放过一个坏人，当二者难以两全时，我们应优先满足前者。 　　以公开促公正，有力提升司法公信力。而司法改革环环相扣，在不断向纵深推进。以审判为中心的诉讼制度改革不仅对审判环节提出了要求，更促进了公安执法的规范化。今天，公安机关取证过程必须规范，这样才能在庭审时经得起检验。	社会主义核心价值观	引导学生牢固树立法治理念，彰显社会公平正义，弘扬社会主义核心价值观。
课后：完成作业 升华认知 　　观看微视频《即将逮捕》。 　　思考： 　　公安机关在侦查过程中，如何切实防范冤假错案的发生？	法治思维 职业素养	进一步强化学生法治意识，培养职业素养。

《治安管理处罚法》课程思政课例

一、教师简介

杨宇烨，女，内蒙古警察职业学院法律系行政法教研室专业教师。主讲治安管理课程。主持参与省级厅级教学科研项目多项，荣获内蒙古自治区职业教育技能大赛三等奖。参与讲授的《治安管理处罚法》课程为校级重点课程思政项目。

二、课程简介

治安案件是公安机关办理数量最多，与人民群众关系最为密切的案件类型，其执法办案质量直接影响到公安机关的执法公信力和执法规范化建设的全局。《治安管理处罚法》与《公安机关办理行政案件程序规定》是公安民警办理治安行政案件最重要的法律依据。课程理论性和应用性的结合，尤其突出应用性，通过学习使学生能正确分析、处理治安案件，树立正确的行政执法理念，具备基本的执法办案能力，培养学生运用法治思维、法治方式分析解决治安案件的能力，在全面依法治国整体战略的背景下，将"法律知识的传授"与"法价值引领"相结合，培养出"德法兼修"的社会主义法律人才。

三、课例

（一）教学目标

1. 本讲的课程思政教学目标

（1）认识治安调解的重要意义，明确治安调解在中国特色社会主义纠纷解决机制中的重要地位，学会以优质高效便捷的调解服务，不断增强人民群众的获得感、幸福感、安全感；

（2）确保调解工作的中立性、公正性。积极营造和谐稳定的社会环境；

（3）以合法合理的方式开展调解，能够为当事人提供最大便利，有利于矛盾纠纷快速有效化解。

2. 案例如何体现课程思政教学目标

结合常见治安案件查处时应用治安调解的实例，阐述治安调解作为行政调解在中国特色社会主义矛盾化解机制中的重要作用；通过对新时代"枫桥经验"的介绍，明确治安调解作为公安机关践行"枫桥经验"的具体表现对社会综合治理的重要作用，通过阐明治安调解在社会治理和推进国家治理能力、治理体系现代化中的重要作用，强化治安调解的规范应用，不断增强人民群众的获得感、幸福感、安全感。

（二）课程思政案例内容

1. 案例的引出（2分钟）

问题导入：常见的治安案件除了按照《治安管理处罚法》进行处罚，是否还可以有其他的解决办法？在当前我国基层社会治理大局中，公安机关可以有哪些作为？多元化化解矛盾机制与公安机关工作如何融合？

2. 案例内容（15分钟）

案例一：

（1）案例形式：

张大爷丁师傅车祸引纠纷视频+讲授

（2）视频名称：《车祸起纠纷 民警忙调解》

时长：1分12秒

视频来源：北京电视台法治进行时

（3）案例涉及的法律问题及价值导向

通过案例回顾《治安管理处罚法》中实体行为的认定，践行有法必依、依法处罚、处罚法定的基本原则；

通过普遍发生的案例引出常见的治安案件，除了按照《治安管理处罚法》进行处罚，还可以通过治安调解查处结案。

案例二：

（1）案例形式：

新时代的"枫桥经验"视频+讲授

（2）视频名称：《习近平讲述的故事 | 新时代的"枫桥经验"》

时长：4分56秒

视频来源：新华社新媒体

（3）案例涉及的法律问题及价值导向

调解制度源于我国古代民间调解"和为贵""止讼息争"的传统。早在西周时期，《周礼·地官》所载官名中记有"调人"，就是专门负责调解事务的官员，"掌司万民之难而谐和之"。秦汉以后，官府中的调解发展为乡官治事的调解机制，如秦汉的啬夫，唐代的里正、坊正，宋代的保甲长，元代的社长等，这些基层小吏都负有调解的职能。明代设里长、里老，并设有"申明亭"，《大明律》中有"凡民间应有词讼，许耆老、里长准受于本亭剖理"的记载。清朝更加重视调解，《牧令全书》记载，"公庭之曲直，不如乡党之是非。"当时还诞生了一种特别的调处形式——官批民调，即官府认为情节轻微，或事关亲族关系、伦理道德、社会风俗的，可以指派保甲、亲族、乡绅等人员进行调处。

党的十八大以来，以习近平同志为核心的党中央，对完善人民调解、行政调解、司法调解联动工作体系，加强行业性、专业性人民调解组织建设，发展人民调解员队伍等作出决策部署。《法治政府建设实施纲要（2015-2020年）》《关于完善矛盾纠纷多元化解机制的意见》《关于加强和改进乡村治理的指导意见》《关于加快推进公共法律服务体系建设的意见》等中央文件，强调发挥人民调解在法治政府、矛盾纠纷多元化解机制、乡村治理、公共法律服务体系建设中的重要作用。2018年3月，中央全面深化改革委员会第一次会议审议通过了《关于加强人民调解员队伍建设的意见》，并由中央政法委、最高人民法院、司法部、民政部、财政部、人力资源和社会保障部联合印发，这充分体现了中央对人民调解工作的高度重视和对人民调解员队伍的关心爱护。

自2019年以来，新时代"枫桥经验"连续被写入党的十九届四中全会《中共中央关于坚持和完善中国特色社会主义制度 推进国家治理体系和治理能力现代化若干重大问题的决定》（以下简称"《决定》"）和十九届五中全会《中共中央关于制定国民经济和社会发展第十四个五年规划和二〇三五年远景目标的建议》（以下简称"《建议》"），还被写入了中共中央印发的《法治中国建设规划（2020—2025年）》《中共中央国务院关于加强基层治理体系和治理能力现代化建设的意见》以及《中共中央国务院关于支持浙江高质量发展建设共同富裕示范区的意见》等重要文件中，并写入了全国17个省及直辖市自治区的政府工作报告中，11月11日，《中共中央关于党的百年奋斗重大成就和历史经验的决议》（以下简称"《决议》"）在党的第十九届中央委员会第六次全体会议上正式通过。让人眼前一亮的是，《决议》在第四项第八条中指出："坚持和发展新时代'枫桥经验'，坚持系统治理、依法治理、综合治理、源头治理，完善信访制度，健全社会矛盾纠纷多元预防调处化解综合机制，加强社会治安综合治理，开展扫黑除恶专项斗争，坚决惩治放纵、包庇黑恶势力甚至充当保护伞的党员干部，防范和打击暴力恐怖、新型网络犯罪、跨国犯罪。"

"枫桥经验"不仅成为坚持和完善中国特色社会主义制度，推进国家治理体系和治理能力现代化的有机组成部分，也成了党的百年奋斗重大成就和历史经验重要组成部分，具有里程碑的意义。

案例三：

（1）案例形式：

公安系统人大代表谈坚持和发展新时代"枫桥经验"视频+讲授

（2）视频名称：《代表委员谈公安：公安系统人大代表谈坚持和发展新时代"枫桥经验"》

时长：3分46秒

视频来源：中国警察网

（3）案例涉及的法律问题及价值导向

中共中央政治局委员、中央政法委书记郭声琨在全国公安机关创建"枫桥式公安派出所"活动座谈会上强调，要坚持以习近平新时代中国特色社会主义思想为指导，深入学习贯彻党的十九届四中全会和中央政法工作会议、全国公安工作会议精神，坚持和发展新时代"枫桥经验"，大力加强公安派出所工作，夯实社会和谐稳定基石。

派出所和派出所民警处在公安战线最基层、维护安全稳定第一线、联系服务群众最前沿。要坚持把政治建设放在首位，强化理论武装，始终做到对党忠诚、服务人民、执法公正、纪律严明，做中国特色社会主义制度的忠诚捍卫者。要主动融入基层社会治理大局，创新组织群众、发动群众的机制，多元化化解矛盾、全时空守护平安、零距离服务群众，做新时代"枫桥经验"的积极践行者。要加强执法规范化建设，提升依法履职能力，做新时代公安事业的奋力开拓者。各级公安机关要为基层民警干事创造良好环境，夯实公安机关战斗力生成的根基。

国务委员、公安部部长赵克志要求，要深入学习贯彻习近平总书记关于坚持和发展新时代"枫桥经验"的重要指示和党的十九届四中全会精神，大力加强公安派出所工作，履行好维护辖区稳定、守护一方平安、服务人民群众、推进社会治理的职责任务。

回顾调解制度的发展历程，调解制度是地地道道的"中国创造"，它根植中国大地，具有深厚的文化传统、广泛的群众基础、强大的生命力和广阔的发展空间，是一项中国特色的法律制度，具有鲜明的中国特色，调解过程中要坚持党的领导，坚持一切为了人民的根本立场，积极营造和谐稳定的社会环境，体现和谐社会柔性治理的要求。

（三）分析讲解

1. 重点分析：案例与本讲内容的关联度

本讲的内容是治安调解，主要包括调解制度概述、治安调解的适用条件、治安调解的程序，通过课堂讲授、讨论、实训，使同学们掌握治安调解的意义、适用条件、原则、程序、调解的基本方法、技巧以及需要注意的问题，以温和的方式有效化解矛盾纠纷。

案例一通过常发的治安案件查处引出治安调解的结案方式；案例二通过"新时代枫桥经验"引出健全社会矛盾纠纷多元预防调处化解综合机制，表明其在推进国家治理体系和治理能力现代化中的重要作用；案例三通过介绍公安机关如何贯彻"枫桥经验"，引出作为社会矛盾纠纷多元解决机制的治安调解制度的重要意义，通过明确治安调解的意义促进学生理解治安调解立法的意义，从而更好地应用这一制度。

2. 如何达成课程思政预期目标：采取适宜的教学方法和教学模式。

（1）通过视频"张大爷丁师傅车祸引纠纷"设问将知识点以问题的形式呈现在学生面前，鼓励学生积极参与讨论，充分调动学习积极性，激发求知欲，实现从要我学到我要学的转变。

问题初步设计为：张大爷和丁师傅之间因车祸发生的违反治安管理的行为属于常见的治安案件，该案件应当如何处置？除了按照《治安管理处罚法》进行处罚，是否还可以有其他的解决办法？公安机关可以在当前我国基层社会治理大局之中有哪些作为？多元化化解矛盾机制与公安机关工作如何融合？

（2）通过新华社视频"习近平讲述的故事丨新时代的'枫桥经验'"，使学生更好认识当前我国新时代的纠纷化解机制，从宏观上掌握新时代多元纠纷解决机制，明确新时代"枫桥经验"的必要性和重要意义；

（3）通过中国警察网视频"代表委员谈公安：公安系统人大代表谈坚持和发展新时代'枫桥经验'"，引出公安机关在查处治安案件时应用治安调解践行新时代"枫桥经验"的重要意义。

（4）课后作业，治安调解的意义及应用。强化学生对于新时代社会综合治理方法与手段、公安机关在推进国家治理能力现代化进程中应当发挥的作用有进一步认识。

（四）案例设计（教学设计）

《治安管理处罚法》课程思政案例教学设计

系部	法律系	教师	杨宇烨	授课专业	交通管理
课程名称	治安管理处罚法	学时	48	课程性质	专业基础课
案例名称	治安调解的意义		所在章节		第十章第一节
知识点			治安调解的意义		
育人目标	认识治安调解的重要意义，明确治安调解在中国特色社会主义纠纷解决机制中的重要地位，学会以优质高效便捷的调解服务，不断增强人民群众的获得感、幸福感、安全感。				
教学内容		融入元素		契合形式	
课前：视频发布，引入思考		有法必依 依法处罚 以人为本，建设和谐社会		该案例为真实发生的案例，易吸引学生关注，案例选取故意截取案情部分让学生判断	

续表

教学内容	融入元素	契合形式
播放案例后引出问题 　　张大爷和丁师傅之间因车祸发生的违反治安管理的行为属于常见的治安案件，该案件应当如何处置？ 　　除了按照《治安管理处罚法》进行处罚，是否还可以有其他的解决办法？ 　　公安机关可以在当前我国基层社会治理大局之中有哪些作为？ 　　多元化化解矛盾机制与公安机关工作如何融合？ 　　课中：讲解治安调解的重要意义 　　治安调解是公安机关依法对因民间纠纷引起的打架斗殴或毁损他人财物等情节较轻的违反治安管理行为，在自愿的基础上，采取说服教育的方法，促使当事人互谅互让，通过协商，达成协议，解决纠纷，处理治安案件的方式。治安调解有利于减少社会不安定因素，有利于提高公民法律意识，有利于密切警民关系。治安调解在矛盾纠纷化解中发挥着重要作用，在基层公安机关办理的治安案件中，以调解方式结案十分普遍，作为一种矛盾解决机制，治安调解在社会治理中起着重要作用。 　　调解制度源于我国古代民间调解"和为贵""止讼息争"的传统。早在西周时期，《周礼·地官》所载官名中记有"调人"，就是专门负责调解事务的官员，"掌司万民之难而谐和之"。秦汉以后，官府中的调解发展为乡官治事的调解机制，如秦汉的啬夫，唐代的里正、坊正，宋代的保甲长，元代的社长等，这些基层小吏都负有调解的职能。明代设里长、里老，并设	通过案例引出调解概念 中国传统文化 法治理念	通过对传统法律文化的传授，使学生理解调解制度的渊源 通过观看视频，使学生理解什么是"枫桥经验"，为何要继续发扬"枫桥经验"

107

续表

教学内容	融入元素	契合形式
有"申明亭",《大明律》中有"凡民间应有词讼,许耆老、里长准受于本亭剖理"的记载。清朝更加重视调解,《牧令全书》记载,"公庭之曲直,不如乡党之是非。"当时还诞生了一种特别的调处形式——官批民调,即官府认为情节轻微,或事关亲族关系、伦理道德、社会风俗的,可以指派保甲、亲族、乡绅等人员进行调处。	提出枫桥经验,发动和依靠群众、坚持矛盾不上交、就地解决、实现捕人少、治安好,以人为本,建设和谐社会	通过解读新时代特色社会主义,理解为何新时代要创新运用"枫桥经验"
"坚持和发展新时代'枫桥经验',坚持系统治理、依法治理、综合治理、源头治理,完善信访制度,健全社会矛盾纠纷多元预防调处化解综合机制,加强社会治安综合治理,开展扫黑除恶专项斗争,坚决惩治放纵、包庇黑恶势力甚至充当保护伞的党员干部,防范和打击暴力恐怖、新型网络犯罪、跨国犯罪。"	以人民为中心	通过"枫桥经验"的运用,理解新时代纠纷解决机制
"枫桥经验"不仅成为坚持和完善中国特色社会主义制度,推进国家治理体系和治理能力现代化的有机组成部分,也成了党的百年奋斗重大成就和历史经验重要组成部分,具有里程碑的意义。	以人为本	通过举例介绍如何传承新经验
"枫桥经验"作为一种地方治理的特色经验,50余年来能够长盛不衰、历久弥新,充分说明其重要价值所在。其主要蕴含:一是充分依靠群众。当年毛泽东同志肯定"枫桥经验",最重要的一条就是做群众工作。可以说,没有群众,就没有"枫桥经验"。"枫桥经验"充分发挥人民群众的力量,实践了群众的事情群众来解决,推动了党委政府和人民群众的良性互动。这也是中国基层社会治理的一个重要原则。二是以人为本的思想。调解机制从以人为本、	新时代多元纠纷解决机制	通过对当前国情的分析,明确为何要使用"枫桥经验",理解作为公安行政调解的重要组成部分,治安调解的重要作用

续表

教学内容	融入元素	契合形式
改造思想出发,给予人们重新认识重新修正的机会。"枫桥经验"对有轻微违法犯罪的行为人、判处缓刑、假释的人员,由党员、村委会成员、亲属等组成帮教小组,进行帮扶教育,使其彻底转化,将消极因素转变为积极的社会建设力量。同时跟进关注当事人纠纷解决之后的生产和生活,重视矛盾纠纷的化解效果。三是通过矛盾调解机制有效节约司法成本。	传承 社会治理新格局	通过层层深入,更加具象地指向治安调解的意义
打造基层治理崭新格局,建设更高水平平安中国。公安机关坚持和发展新时代"枫桥经验",一定要根据形势变化不断赋予其崭新内涵,要积极探索网上"枫桥经验",推动形成"网上矛盾不下网、网上平安不出事、网上服务不缺位"的网络综合治理格局。	群众路线	通过介绍具体公安治安调解的实践经验体现公安机关如何坚持和丰富发展新时代"枫桥经验"从而推动形成社会治理新格局
面对疫情防控常态化带来的社会治理新形势、新任务,公安机关要充分利用大数据、云计算等高新技术,增强信息综合研判,把不安定、不稳定因素及时消除在萌芽状态,不断增强公安工作的系统性和预见性。	平安中国	
坚持和发展新时代"枫桥经验",就是要坚持党的群众路线,做好新时代的群众工作,打造共建共治共享的基层社会治理新格局。要主动融入人民群众,主动解决人民群众的"急难愁盼"问题,充分发动群众积极参与到社会治理中来,不断坚持和发展新时代"枫桥经验",夯实基层社会治理根基,努力建设更高水平的平安中国。	引出行政调解 引出治安调解	

续表

教学内容	融入元素	契合形式
我国正处于社会转型的特殊时期，社会纠纷日益多元化。公安机关的行政调解，作为一种典型的非诉讼解决纠纷方式，具有避免冲突升级和疏解诉源的功能与作用，治安调解作为公安机关行政调解的主要组成部分，在构建新时代社会主义和谐社会的背景下，更是维护社会稳定和公共安全重要的"安全阀"。 "从制度的层面上看，警察调解制度的发展经历了从无到有、从窄到宽、从权威型调解手段到合意型调解手段的演变过程。"治安调解兼具执法性与服务性的双重特征，因此受到人民群众的高度信赖，成为新时期基层公安机关的一项重要职责。 公安机关的治安调解制度直接决定着公安机关的执法规范化问题，也关系着调解双方当事人的切身利益，在增进警民关系、促进矛盾化解、推动国家治理能力现代化的过程中具有十分重要的理论和现实意义。面临新时代的发展、机遇和挑战，公安机关应当与时俱进，坚持丰富和发展"枫桥经验"，使我国的治安调解制度焕发新的活力与生命力。	公安机关的职责 国家治理能力和治理体系现代化	
课后：作业巩固 提高升华 思考：治安调解的意义及应用		

《侦查措施与策略》课程思政课例

一、教师简介

高嘉茂，男，内蒙古警察职业学院侦查系教师。主讲《侦查措施与策略》《政治安全保卫法律法规》。

二、课程简介

《侦查措施与策略》是刑事侦查专业的核心课程之一，是研究刑事案件侦查中处理各种侦查问题办法的一门课程。课程的内容是侦查人员在办理刑事案件的侦查过程中，根据《刑事诉讼法》《公安机关办理刑事案件程序规定》等相关法律法规结合侦查工作实战的主要侦查措施，包括调查询问、追缉堵截、摸底排队、网上查控、通缉通报、跟踪守候、查控涉案物品、侦查协作、并案侦查、查询冻结、公开搜查与扣押、侦查辨认、专项行动等。授课方式以课堂讲解为主，同时结合大量典型案例分析、相关法律文书写作、实训等方式让学生深度参与教学过程。

三、课例

（一）本讲的课程思政教学目标

1. 通过学习各项侦查措施在实施过程中的程序要求，深入理解刑事案件侦查过程中执法规范化与尊重和保障人权的紧密关系，增强学生的法制意识，弘扬法治精神。

2. 通过强化学生的职业道德、法律意识和自我保护意识，帮助学生增强从事侦查工作的责任心，掌握刑事案件侦查措施的相关知识和要点。

（二）案例如何体现课程思政教学目标

通过介绍侦查措施的运用程序和规范，制定相关法律法规的目标和意义，让学生深入浅出地理解执法规范化的重要意义。公安机关作为国家重要的行政执法和刑事司法部门，建设法治公安是建设法治国家、法治政府的重要组成部分，公安法治化水平直接关系到党和政府的形象，在很大程度上影响到国家和政府整体法治化水平。建设法治公安的要求是严格规范公正文明执法，不断提升公安机关依法履职能力和执法公信力。随着国家民主法治建设的深入推进，人民群众的法治意识不断觉醒、维权意识不断增强，特别是随着新媒体的快速发展，公众行使知情权、表达权、参与权、监督权的能力极大提升，公安机关的执法活动时刻处在媒体聚光灯下，执法行为稍有不当就很可能成为社会关注的焦点、舆论炒作的热点。新形势下的公安执法工作，不仅要看是否体现了执法效率、实现了维稳目标，而且还要看是否促进了社会公平正义、维护了人民群众合法权益。让学生在学习规范的执法行为过程中，增加执法规范化意识，增强自我保护能力，加深为人民服务的宗旨意识和法治精神。

（三）课程思政案例内容

1. 案例的引出

课堂活动：

问题导入：是否见到过或者参与过公开搜查的过程？公开搜查是一个怎样的执法活动？需要具备哪些条件？公开搜查的目的和意义是什么？如果你作为被搜查的对象，你会有什么感受和想法？

2. 案例内容

（1）案例形式：公开搜查的影视片段+讲授

（2）视频名称：电视剧《人民的名义》第一、二集关于搜查的片段

时长：8分钟

视频下载来源：互联网下载并剪辑

3. 案例涉及的法律问题及价值导向

（1）介绍视频中明显体现的公开搜查的一般程序和未体现的细节要求。

（2）介绍公开搜查的概念和法律规定。（是什么？）

对《中华人民共和国刑事诉讼法》第二章第一百三十六条至第一百四十条和《公安机关办理刑事案件程序规定》第八章第二百二十二条至第二百二十六条的法条内容进行讲解：

第二百二十二条 为了收集犯罪证据、查获犯罪人，经县级以上公安机关负责人批准，侦查人员可以对犯罪嫌疑人以及可能隐藏罪犯或者犯罪证据的人的身体、物品、住处和其他有关的地方进行搜查。

第二百二十三条 进行搜查，必须向被搜查人出示搜查证，执行搜查的侦查人员不得少于二人。

第二百二十四条 执行拘留、逮捕的时候，遇有下列紧急情况之一的，不用搜查证也可以进行搜查：

（一）可能随身携带凶器的；
（二）可能隐藏爆炸、剧毒等危险物品的；
（三）可能隐匿、毁弃、转移犯罪证据的；
（四）可能隐匿其他犯罪嫌疑人的；
（五）其他突然发生的紧急情况。

第二百二十五条 进行搜查时，应当有被搜查人或者他的家属、邻居或者其他见证人在场。

公安机关可以要求有关单位和个人交出可以证明犯罪嫌疑人有罪或者无罪的物证、书证、视听资料等证据。遇到阻碍搜查的，侦查人员可以强制搜查。

搜查妇女的身体，应当由女工作人员进行。

第二百二十六条 搜查的情况应当制作笔录，由侦查人员和被搜查人或者他的家属、邻居或者其他见证人签名。

如果被搜查人拒绝签名，或者被搜查人在逃，他的家属拒绝签名或者不在场的，侦查人员应当在笔录中注明。

展开讲解公开搜查的目的、公开搜查的法定条件和程序、公开搜查的时机和准备工作、公开搜查的实施。

通过对公开搜查的讲解，让学生体会到公开搜查既是侦查人员与犯罪嫌疑人"猫捉老鼠"式的较量，也是执法人员与普通公民的交流和互助，法律对于公开搜查的主体、客体和程序等各个环节都进行了严格要求，具体实施过程中的细节也需要侦查人员注意。公开搜查是侦查人员依照法律对公民的人身权、财产权、隐私权等基本权利的入侵，一旦执行过程中麻痹大意，就会出现过度侵犯公民人身权利，搜查到的证据失去法律效力等问题。我国通过建立以宪法为核心、以立法保障和司法保障为主要内容的权利保障体制，保障公民的权利。对于宪法所规定的各项权利，在执法过程中不能随意侵犯，为了达到侦查目的，必要措施必须依照相关的法律要求执行，无论执法对象是否犯罪，都要最大限度地保障公民的合法权利，既是保障公民的权利，也是保护执法人员的个人安全，避免在执法过程中违法，严格遵守法律规定既可以提高执法办案质量和效率，也可以保障执法主客体之间的权力和利益。

根据学习内容布置实训作业：学生分组拍摄模拟公开搜查的视频记录，要求符合课程所学的公开搜查的规范，包括必要的法律文书和角色扮演，完成后集中点评。

（四）分析讲解

1. 重点分析：案例与本讲内容的关联度

本讲的内容是公开搜查，包括公开搜查的目的、公开搜查的法定条件和程序、公开搜查的时机、公开搜查的类型、公开搜查的准备工作、公开搜查的实施等。公开搜查作为刑事案件侦查过程中常用的侦查措施，法律法规制定了严格的审批程序和执行规范，第一印象简单直接的执法行为，学习其中严格复杂的程序细节，通过反差引人深思。

2. 如何达成课程思政预期目标：采取适宜的教学方法和教学模式。

通过设问，将知识点以问题的形式呈现在学生面前，鼓励学生积极思考，充分调动学生的积极性，再通过学生熟知的影视剧片段，让学生轻松地进入学习状态，代入侦查人员角色，仔细研究侦查行为。对公开搜查这项侦查措施进行法律和相关理论的讲解，让学生学习到是什么、为什么、怎么做之后，讲授具体实践规范行为细节和其中执法规范化的意义。布置实训作业，进行场景、角色模拟演练，从不同角色和不同角度学习公开搜查，更加体会规范执法行为对执法者和执法对象的影响。再进行实训作业评价，教师点出实训中的典型问题，集中对执法规范化的意义进行讲解，最后上升到全面推进依法治国理念，让学生由浅入深的感受建设法治中国的深远内涵和意义。

（五）教学设计

学校	内蒙古警察职业学院	教师	高嘉茂	授课专业	刑事侦查
课程名称	侦查措施与策略	学时	48	课程性质	专业核心课
案例名称	公开搜查		所在章节		第十三章
知识点			公开搜查		
育人目标	\multicolumn{5}{l}{1. 通过学习各项侦查措施在实施过程中的程序要求，深入理解刑事案件侦查中执法规范化与尊重和保障人权的紧密关系，增强学生的法治意识，弘扬法治精神。 2. 通过强化学生的职业道德、法律意识和自我保护意识，帮助学生增强从事侦查工作的责任心，掌握刑事案件侦查措施的相关知识和要点。}

教学内容	融入元素	契合形式
案例形式：公开搜查的影视片段+讲授 视频名称：电视剧《人民的名义》第一、二集关于搜查的片段 时长：8分钟 视频下载来源：互联网下载并剪辑 1. 介绍视频中明显体现的公开搜查的一般程序和未体现的细节要求。 2. 介绍公开搜查的概念和法律规定。（是什么？） 对《中华人民共和国刑事诉讼法》第一百三十六条至第一百四十条 《公安机关办理刑事案件程序规定》第二百二十二条至第二百二十六条的法条内容进行讲解。 第八章 第五节 搜　查 第二百二十二条 为了收集犯罪证据、查获犯罪人，经县级以上公安机关负责人批准，侦查人员可以对犯罪嫌疑人以及可能隐藏罪犯或者犯罪证据的人的身体、物品、住处和其他有关的地方进行搜查。	法律意识 刑事侦查专业业务素质	以学习法律规定为课程起点进行讲解，增强学生的法律意识和法律思维。 通过学习思考公开搜查的实施过程，增加学生专业知识的储备，学习侦查人员需要具备的认真、耐心、细心等品质。

续表

教学内容	融入元素	契合形式
第二百二十三条 进行搜查，必须向被搜查人出示搜查证，执行搜查的侦查人员不得少于二人。 第二百二十四条 执行拘留、逮捕的时候，遇有下列紧急情况之一的，不用搜查证也可以进行搜查： （一）可能随身携带凶器的； （二）可能隐藏爆炸、剧毒等危险物品的； （三）可能隐匿、毁弃、转移犯罪证据的； （四）可能隐匿其他犯罪嫌疑人的； （五）其他突然发生的紧急情况。 第二百二十五条 进行搜查时，应当有被搜查人或者他的家属、邻居或者其他见证人在场。 公安机关可以要求有关单位和个人交出可以证明犯罪嫌疑人有罪或者无罪的物证、书证、视听资料等证据。遇到阻碍搜查的，侦查人员可以强制搜查。 搜查妇女的身体，应当由女工作人员进行。 第二百二十六条 搜查的情况应当制作笔录，由侦查人员和被搜查人或者他的家属、邻居或者其他见证人签名。 如果被搜查人拒绝签名，或者被搜查人在逃，他的家属拒绝签名或者不在场的，侦查人员应当在笔录中注明。 3. 公开搜查的目的。（为什么？） 发现第一现场、直接查获犯罪嫌疑人、获取犯罪工具和赃物、扩大侦查线索。	政治素质、责任意识 依靠群众原则	讲述公开搜查过程中侦查队伍分工配合的活动要求，增强学生服从命令听从指挥的政治素质和责任意识。

续表

教学内容	融入元素	契合形式
4. 公开搜查的法定条件和程序。（怎么做？） 5. 公开搜查的时机和准备工作 　　确定目标、了解搜查对象和相关环境、制定方案、明确目标和要求、履行相关法律手续和程序。 6. 公开搜查的实施（公开搜查的类型） 　　常用的人身搜查和室内搜查方法和注意事项、不同场所的搜查方法，发现涉案物品和可疑物品证据固定和获取的方式和方法。 　　一是初步的人身搜查和巡视搜查现场。 　　二是分片搜寻。 　　通过对公开搜查的讲解，让学生体会到公开搜查是侦查人员依照法律对公民的人身权、财产权、隐私权等基本权利的入侵，一旦执行过程中麻痹大意就会出现过度侵犯公民人身权利，搜查到的证据失去法律效力等问题。我国通过建立以宪法为核心、以立法保障和司法保障为主要内容的权利保障体制，保障公民的权利。对于宪法所规定的各项权利，在执法过程中不能随意侵犯，为了达到侦查目的，必要措施必须依照相关的法律要求执行，无论执法对象是否犯罪，都要最大限度地保障公民的合法权利，既是保障公民的权利，也是保护执法人员的个人安全，避免在执法过程中违法，严格遵守法律规定既可以提高执法办案质量和效率，也可以保障执法主客体之间的权力和利益。	增强法治观念 理论联系实际的能力	公开搜查中须邀请群众参与见证，要学会做好群众工作，从群众中来，到群众中去。 通过对法律的应用和总结，让学生认识到法律不仅是武器，也是对权力的约束，还是保护伞。 通过实训搭建理论到实践的桥梁，也能从实训中拓展学生的思维，增强实践能力。

续表

教学内容	融入元素	契合形式
根据学习内容布置实训作业：学生分组拍摄模拟公开搜查的视频记录，要求符合课程所学的公开搜查的规范，包括必要的法律文书和角色扮演，完成后集中点评。		

《刑事侦查总论》课程思政课例

一、教师简介

珊琪尔,内蒙古警察职业学院侦查系教师,主讲刑事侦查学总论课程。

二、课程简介

《刑事侦查总论》课程是侦查专业的专业基础课。主要讲授我国刑事侦查学发展简史;学科性质、学科体系及研究对象;刑事侦查学基本原理;刑事侦查的性质、任务、方针和基本原则等内容。通过学习使学生理解刑事侦查学的基本概念,培养学生分析、处理刑事案件的能力,为学生适应刑事侦查实际工作和进行理论研究打下基础,从而提高学生的业务能力及社会责任感。

三、课例

(一)教学目标

1. 本讲的课程思政教学目标

通过讲解、分析刑事侦查主体,要求学生明确侦查人员的地位与职责,使学生明确作为一名侦查员应具备的基本素质,并能够根据自身特点扩展其必需的知识结构,使其在今后的学习中明确自己的学习重点和学习方向。

2. 案例如何体现课程思政教学目标

通过对案例的分析、讨论,教育学生珍惜警察职业,忠于恪守,清正廉洁,纪律严明,服从命令,严格执法,从而增强学生们的使命感和责任感。

（二）课程思政案例内容

1. 案例的引出

课堂活动：

问题导入：请每位同学找一个在你身边发生的或者在网络、电视上看到的刑事案件，思考这些案件是由哪些机关负责侦查的？总结、分析学生们的回答，引出本讲知识点——刑事侦查主体。

2. 案例内容

（1）案例形式：案例+讲授

（2）案例名称：《密战》《武长顺案件》

（3）案例分析

案例一：视频《密战》

其一，视频案件详情

其二，明确侦查主体：国家安全机关

案例二：《天津市政协原副主席、市公安局原局长武长顺案件》

其一，案件案情始末

其二，明确侦查主体：检察院

（3）案例涉及的专业知识及价值导向

通过了解、解析案件，让学生明确针对不同的刑事案件由不同的侦查机关来侦查。深入反思后，提升学生职业道德感，树立起以高度的责任感和使命感做好侦查工作的理想信念。

（三）分析讲解

1. 重点分析：案例与本讲内容的关联度

本讲的内容是"刑事侦查主体"，主要介绍我国有哪些侦查主体，分别有什么样的职权范围。案例《密战》《天津市政协原副主席、市公安局原局长武长顺案件》分别说明了两种不同案件由不同的部门侦办，契合本讲内容，并且可以通过案例的形式加深对知识点的理解。同时还可以通过案例来提高学生们的职业道德和职业荣誉感，价值观进一步升华。

2. 如何达成课程思政预期目标：采用适宜的教学方法与教学模式

（1）理论讲授

《侦查总论》课程中包含大量的概念、程序、基本原理和方法。需要通过教师的课堂讲解才能使学生充分理解、吸收和融会贯通。但是理论讲授不等于课堂中的"满堂灌",理论教学形式要多样化,应充分利用教学模具、多媒体课件等形式,使教学课堂热烈活跃。在理论讲授中采取少讲、精讲等形式,引导学生利用课余时间找资料,自学相关专业知识。

(2) 案例讨论

刑侦教学要具有吸引力,必须使其贴近实践、贴近实战。而要贴近实战的最好办法就是将实践中一个个活生生的侦查案例进行分析和解剖。通过这种教学方法,既可以使学生将所学知识运用到侦查实践中,又可以开阔学生思维、提高学生的兴趣和学习的积极性、活跃课堂,同时还可以培养学生的口头表达能力。

(3) 自我练习

一是培养学生的动手能力和办案能力。这可以使学生在基层实习期间很快地适应工作。在走向工作岗位后能够很快地独立办案。

二是调动学生学习侦查学知识的积极性。改变沉闷的灌输式教学课堂,使他们既学到知识,又接触了许多案例,同时还可以进行实践操作,自己可以独立思考、自我组织、自我训练。

(四)教学设计

学院	侦查系	教师	珊琪尔	授课专业	侦查
课程名称	刑事侦查总论	学时	32	课程性质	必修
案例名称	《密战》《武长顺案件》		所在章节	第六章 第一节	
知识点		刑事侦查主体			
育人目标	通过案例和讲授,使同学们了解我国侦查主体有哪些,分别有什么样的职权范围,从而激发学生的责任感和使命感。				

续表

教学内容	融入元素	契合形式
课前 1. 找一个你最近听到、看的刑事案件。 2. 思考这个案件由哪个部门来侦办？		通过提问，以问题为引导，启发学生思考。
课中 1. 回顾前面课程中学到的侦查的概念，从而引出侦查主体的内容。提问：大家觉得在我国侦查主体有哪些？哪些部门有侦查权？ 2. 刑事侦查主体的种类 　　根据《刑事诉讼法》规定，我国的刑事侦查主体即享有刑事侦查权的主体范围包括公安机关、人民检察院、国家安全机关、监狱、军队、中国海警局。 3. 刑事侦查主体的职权范围 （1）公安机关 　　政治安全保卫局、经济犯罪侦查局、治安管理局、防范和处理邪教犯罪工作局、刑事侦查局、反恐怖局、食品药品犯罪侦查局、铁路公安局、网络安全保卫局、海关总署缉私局、中国民用航空局、交通管理局、禁毒局、国家移民管理局。 （2）人民检察院 　　A. 人民检察院在对诉讼活动实行法律监督中发现的司法工作人员利用职权实施的非法拘禁、刑讯逼供、非法搜查等侵犯公民权利、损害司法公正的犯罪，可以由人民检察院立案侦查。 　　B. 对于公安机关管辖的国家机关工作人员利用职权实施的重大犯罪案件，需要由人民检察院直接受理的时候，经省级以上人民检察院决定，可以由人民检察院立案侦查。	职业道德，责任意识	通过案例、讲解，激发学生的对公安工作的信心，培养学生职业道德，树立学生敢于担当的价值观。

续表

教学内容	融入元素	契合形式
（3）国家安全机关 （4）军队 《刑事诉讼法》第三百零八条规定："军队保卫部门对军队内部发生的刑事案件行使侦查权。" （5）监狱 《刑事诉讼法》第三百零八条规定："对罪犯在监狱内犯罪的案件由监狱进行侦查。" （6）中国海警局 《刑事诉讼法》第三百零八条规定："中国海警局履行海上维权执法职责，对海上发生的刑事案件行使侦查权。"		
课后 　　讨论：政保与国安职权范围的区别？	学以致用	通过讨论、思考，进一步掌握知识内容。

《侦查讯问》课程思政课例

一、教师简介

德勒高娃，女，内蒙古警察职业学院侦查系专职教师，主要讲授刑事侦查专业课程。

二、课程简介

《侦查讯问》是侦查学的重要组成部分，是公安院校侦查专业的一门专业必修课。通过对侦查讯问的制度、政策与法律、侦查讯问心理、侦查讯问的策略和方法、侦查讯问的言语与非言语行为、审讯技术等内容的研究学习，掌握制定讯问提纲、开展具体讯问、制作讯问笔录、审查判断口供等方面的基本讯问技能，树立人权意识、程序意识和证据意识，具备依法、公正、科学、高效进行侦查讯问的基本素质。

三、课例

（一）教学目标

1. 本讲的课程思政目标

（1）通过对侦查讯问过程中所涉及的政策与法律的学习，引导学生有意识的贯彻落实全面依法治国基本方针。牢记十六字总要求，真正做到"对党忠诚、服务人民、执法公正、纪律严明"。

（2）通过学习了解侦查讯问过程中人权保障方面的内容，树立宪法法治意识，增强职业责任感，培养学生德法兼修的职业素养。

2. 课堂如何体现课程思政教学目标

（1）通过学习侦查讯问相关的刑事政策与法律规定，结合国内外冤假错案的案例探讨，使学生切实体会"执法公正"的重要意义。

刑事案件的侦破中，通过对犯罪嫌疑人的讯问，往往能够在第一时间获取关键信息，进而推动案件的侦破进度和办案效率。这决定了无论是法学理论界还是司法实践中，侦查机关均非常重视有着"证据之王"的口供的搜集和运用。理解侦查讯问相关的刑事政策与法律规定、切实体会"执法公正"的严肃性，对刑事侦查专业学生具有重要意义。

（2）通过学习犯罪嫌疑人应当享有的诉讼权利和义务，使学生探讨感悟"服务人民"的真正含义。

公正是法律的终极价值，而执法过程的公正合理，无疑是实现实体正义的必由之路。改变传统先入为主地认为犯罪嫌疑人有罪的思想观念，有效维护犯罪嫌疑人合法权益，从侦查阶段体现宪法法治意识，完成从传统的"重打击犯罪，轻保护权利"到"打击犯罪与保护权利并重"的跨越，在维护犯罪嫌疑人权利的同时确保执法的公正，让人民群众在每一个司法案件中感受到公平正义，这是刑事侦查专业学生必须具备的职业道德修养。

（二）课程思政案例内容

1. 案例的引出

课堂讨论：历史上都发生过哪些冤假错案？在案件中主要问题出现在哪个环节？我们应当如何避免类似的情况再次发生？

2. 案例内容

由学生进行分享历史上都发生过哪些冤假错案，教师课堂总结

3. 课堂讲授内容

侦查讯问相关的刑事政策、侦查讯问的法律规定、侦查讯问的禁止性法律规定、犯罪嫌疑人的诉讼权利和义务、侦查阶段的律师辩护与法律帮助和几类特殊人员诉讼权利的保障等。

（三）分析讲解

1. 案例与本讲内容的关联度

本讲的内容是"侦查讯问的政策与法律"，包含了讯问过程中所涉及的基本规范和人权保障的政策措施等内容，本讲要求学生了解并掌握工作中应当遵守的法律规范，明确犯罪嫌疑人同样依法享有权利，重视侦查讯问过程中人权保障方面的体现。学生通过对系列案件的收集、分析、总结与讨论，能够从自身工作视角出发，感悟"依法治国"基本方针在侦查讯问中的具体体现。

2. 达成课程思政预期目标

课前让学生自行收集材料，并进行初步分析，以小组作业形式锻炼学生的团队合作能力，并激发学生自主思考什么是法治，什么是公平正义。

使用讲授法，讲解基本的政策与法律规定，初步解答学生在课前准备过程中产生的疑问，进一步加深学生对法律基础的认识和理解，为案例探讨打好基础。

引入历史上曾发生过的系列冤假错案，通过案例分析法、课堂讨论法，将学生带入社会问题和工作实践的角度中，明确学生对法律规定背后含义的认识、增强对人权保障的认识、启发对执法公正的更深刻思考。

（四）教学设计

教学内容	融入元素	契合形式
课前： 　　学生以小组为单位，自行收集历史上冤假错案的案例，并进行初步分析和小组总结，提交小组作业	社会主义法治体系建设 团队协作能力	自主收集分析案例的过程中自然引发思考 组内成员间合作并提交作业
课中： 课程导入 对收集的案例进行分享和讨论 **第一节　侦查讯问相关的刑事政策** 刑事政策：国家在同犯罪做斗争中，根据犯罪的实际状况和趋势，运用刑罚和其他一系列抑制犯罪的制度，为达到有效抑制和预防犯罪的目的，所提出和实行的方针、准则、决策、措施和方法。 　　一、宽严相济 依法严厉打击 + 依法从宽处理 1、宽严相济刑事政策的提出 落实宽严相济刑事政策，是中共中央《关于深化司法体制改革的意见》确定的深化司法体制改革的主要内容之一。	依法治国基本方针 执法公正	集体分析讨论时融入依法治国基本方针下的社会进步 讲授刑事政策的要求和内涵

续表

教学内容	融入元素	契合形式
2、宽严相济刑事政策的含义 涉及刑事实体法的适用、涉及刑事程序的设置和运行。 二、坦白从宽，抗拒从严 1. 坦白从宽，抗拒从严的含义 2. 抗拒从严与自我辩护的区分 抗拒从严与自我辩护的性质不同 自我辩护是犯罪嫌疑人依法享有的诉讼权利；抗拒是犯罪嫌疑人对抗侦查和司法机关的非法活动。 抗拒从严与自我辩护的行为方式不同 自我辩护是犯罪嫌疑人证明自己罪轻或无罪的辩解；抗拒是犯罪嫌疑人蓄意破坏正常司法秩序的行为。 三、认罪认罚从宽 2018年《刑事诉讼法》规定的一项体现宽严相济刑事政策的重要制度，是贯穿于侦查、起诉和审判全过程的刑事诉讼制度，是新的激励犯罪嫌疑人如实供述的法律机制。	惩罚与教育相结合 教育为主，惩罚为辅	基本法律原则 讯问中的法律规定体现出对权力的制约、人权的保障
第二节 侦查讯问的法律规定 侦查讯问的法律规定规范了讯问活动，是讯问的依据。 几项禁止性法律规定： 一、严禁刑讯逼供 刑讯逼供，是侦查人员对犯罪嫌疑人施以肉刑或变相肉刑，以逼取口供的行为，是对人权的一种严重侵犯。 二、严禁威胁、引诱和欺骗 威胁：出于害怕而供述；引诱：利益驱动而供述；欺骗：接收虚假信息而供述。属于一种心理强制。	纪律严明	违反禁止性法律规定的后果体现出公安工作中纪律的严明

续表

教学内容	融入元素	契合形式
三、禁止强迫自证其罪 在刑事诉讼过程中，审判人员、检察人员、侦查人员不得以刑讯逼供、威胁等非法的方法强迫犯罪嫌疑人、被告人违背自己的意志，做出供述证实自己有罪。 四、违反禁止性法律规定的后果 非法口供排除；纪律处罚；追究刑事责任；赔偿责任等。 **第三节 犯罪嫌疑人的诉讼权利和义务** 一、犯罪嫌疑人的诉讼权利 犯罪嫌疑人的诉讼权利：自我辩护权、委托律师辩护权、控告权、要求回避权、使用本民族语言文字进行诉讼的权利、知道用作证据的鉴定意见和申请补充鉴定或者重新鉴定权、犯罪嫌疑人有权申请变更或解除强制措施、核对讯问笔录权、讯问未满18周岁未成年犯罪嫌疑人应当通知其法定代理人到场、讯问聋、哑犯罪嫌疑人应当有通晓聋、哑手势的人参加。 二、犯罪嫌疑人的义务 犯罪嫌疑人有依法接受侦查讯问，并如实回答侦查人员提问的义务。 三、侦查阶段的律师辩护与法律帮助 在侦查阶段，辩护律师的职责是为犯罪嫌疑人提供辩护。	服务人民	针对犯罪嫌疑人的人权保障，要求执法人员客观公正，不掺杂个人情绪和冲动，依法办案、依宪办案，切实保障公民的合法权益，感悟理解"服务人民"的真正含义。

续表

教学内容	融入元素	契合形式
课后 　　思考题： 　　侦查是刑事诉讼的基础，证据是刑事诉讼的核心，侦查讯问是侦查的重要组成部分。从近年来纠正的冤假错案看，侦查讯问中还有哪些部分体现依法治国的基本方针？是否有需要进一步完善之处？	对社会主义法治体系建设的思考	如何在侦查讯问中做好社会主义法治体系的建设工作，是每一位同学都应当思考的问题。

04

第四篇

| 创新案例篇 |

《毛泽东思想和中国特色社会主义理论体系概论》课教学方法的有效尝试

包苏红

为深入学习领会贯彻习近平总书记在学校思想政治理论课教师座谈会上和在纪念"五四运动"一百周年纪念大会上的重要讲话精神，政治理论教学部基础理论教研室《概论》课教学团队，率先在"五四青年节"后的第一周，在2018级全体学生的课堂教学中，以《毛泽东思想和中国特色社会主义理论体系概论》（简称《概论》）课为载体，积极有效地开展了以"新时代的我们如何爱国"为主题的翻转课堂活动。

一、教师们精心的教学设计和周密的组织安排

经过集体备课、反复研讨后，定主题、精设计，并调动学生参加的积极性和热情，发挥学生干部和"星火驿站"社团成员的带动作用，与学习委员多次沟通、建议每个区队如何根据学生人数、特点科学分组、分工，随时指导和解答学生在准备过程中遇到的问题。认真准备、悉心安排是翻转课堂顺利、有效开展的前提。

二、学生的课堂展示给我们带来很多惊喜

在翻转课堂过程中，学生的课件制作非常精美。他们能有效将文字、图片相结合，静态、动态相结合，呈现出很好的视觉、听觉效果。尤其是主讲同学，讲稿内容准备丰富，教风、台风可圈可点，还有的组设计了同学互动环节，很出彩。例如，有的小组从党的十八大以来党和国家的辉煌成就谈爱祖国，有的从改革开放周年历史回顾谈爱祖国，有的从爱家乡升华到爱祖国，有的从身边的小事、小善上升到爱祖国的情感，有的从个人游览祖国名胜古迹谈到爱祖国，

还有的从警院生活训练、责任担当谈如何报效祖国等等。从学生认真的态度，精心的准备和团队协作程度来讲，本次活动地开展，无论是对学生个人还是集体，都有较大的触动和收获，课堂效果超出预期。同辈讲思政，用学生的视角看祖国的发展变化，情真，意浓，效果好，是有益的尝试。

三、教师精准的点评是教育效果升华的点睛之笔

学生自主研学准备的"新时代的我们如何爱国"主题授课内容在课堂上呈现出来后，需要老师及时准确的点评，帮助学生将内容和内涵更清晰、更鲜明地提炼出来，如有不足及时指出并给予准确地指正和指导。尤其是对每组学生表现出来的亮点、特色进行充分肯定和溢于言表地赞赏，这是提升师生互信和情感交流的最佳时机，是用人格魅力感染学生的好机会，是高于翻转课堂教学内容本身的达成教育延伸性、持久性的关键环节。

四、及时总结、交流、反思，为以后教学工作积累宝贵经验

俗话说，编筐挝篓，重在收口。这个环节是对翻转课堂活动开展情况的客观、全面评估的阶段，为今后继续开展相关教学、研学活动提供重要的可借鉴的经验。在活动之后，《概论》课教学团队的教师专门组织在一起，共同交流经验、成果、典型，共同查摆不足，深入交流意见，形成共识，比如翻转课堂教学设计重点难点、如何深化师生关系、如何活跃课堂气氛等，提高了老师课堂教学创新的积极性。

总之，翻转课堂主题鲜明突出，以中华人民共和国成立七十周年和"五四运动"一百周年重要事件为依托，把握关键时间点，提高思想政治理论课教学时效性和实效性，是习近平总书记在学校思想政治理论课教师座谈会上和在纪念"五四运动"一百周年纪念大会上重要讲话精神落地生根的切实举措。翻转课堂，准备充分，学生课堂展示精彩，教育效果良好，很好地实现了让学生当主角来研理论、讲思政、悟精髓和增强学习《概论》课兴趣的教学设计初衷，为今后的教育教学工作带来了可供参考和借鉴的宝贵经验。

翻转课堂活动

翻转课堂活动

高校思想政治工作名师工作室案例

高校思想政治工作名师工作室案例

系好警院学子做"两个屏障"
忠诚卫士从警之路的"第一粒扣子"
"包苏红名师工作室"

思想政治工作"名师工作室"是内蒙古警察职业学院加强思想政治工作和思想政治教育师资队伍建设的重要组成部分,促进思政课中青年骨干教师发展,提升思政课教师队伍整体素质,同时推动学院思政课教学方法改革,鼓励教师创新教学方法,进一步提升教学质量。

努力打造一流的思政课教学团队,引领警院学子在学思践悟中坚定理想信念,将青春许给藏青蓝,全力培养有忠诚之魂、报国之志、为民之心、担当之能的祖国北疆"两个屏障"的忠诚卫士。

内蒙古警察职业学院"包苏红名师工作室"的思政课教学团队开展了一系列活动,课上课下,线上线下,坚定站稳三尺讲台主阵地,又全面铺开,持续不断辐射能量,发挥着不可替代的引领和不可或缺的培根铸魂的作用。在课上,讲好中国共产党为什么"能",马克思主义为什么"行",中国特色社会主义为什么"好";在课下,更像播种机一样多种形式地在学生们的心中播种下:爱国、忠诚、敬业、奉献的精神种子,努力系好警院学子做"两个屏障"忠诚卫士和从警之路的"第一粒扣子"。

一、2021 年工作室工作纪实

（一）制作"中国精神"展板 赓续红色血脉

宣传中国共产党百年精神特质，知史爱党、知史爱国，在新时代传承中国精神，在建设中国特色社会主义现代化建设新征程上贡献力量。工作室的教师们精心制作了"中国精神"展板，作为学生第二课堂的学习内容。

(二) 依托"星火驿站"社团举办党史知识竞赛

通过在学生中开展"知党史、知党情、感党恩、跟党走"党史知识竞赛,使警院学生学史明理、增信、崇德、力行,在实现中华民族伟大复兴的和新时代中国特色社会主义现代化建设的新征程中勤奋学习、增长才干,以优异成绩入警,做守护好"两个屏障"的忠诚卫士。

（三）开展"四史"系列讲座

工作室的教师们勇挑重担，踊跃承担宣讲任务，每位思政课教师负责解读一个专题，在党委理论中心组学习中、在全院教职工专题辅导中、在学生的专题讲座中，形成一个系列的讲座，宣讲、解读、研讨、领学……

<<< 第四篇 创新案例篇

新时代高校立德树人教育教学理论与实践 >>>

来源：政治理论教学部

（四）分享红色家书讲好红色故事

宣传好中国共产党的红色精神，传承革命先烈的奉献精神、牺牲精神，引导学生珍惜今天的美好生活，投身新时代中国特色社会主义现代化建设新征程。

（五）依托宣传栏 赞歌党的百年华诞

营造浓厚的校园文化，宣传中国共产党艰苦奋斗史，创业发展史，改革开放史，成就辉煌史等相关板块。

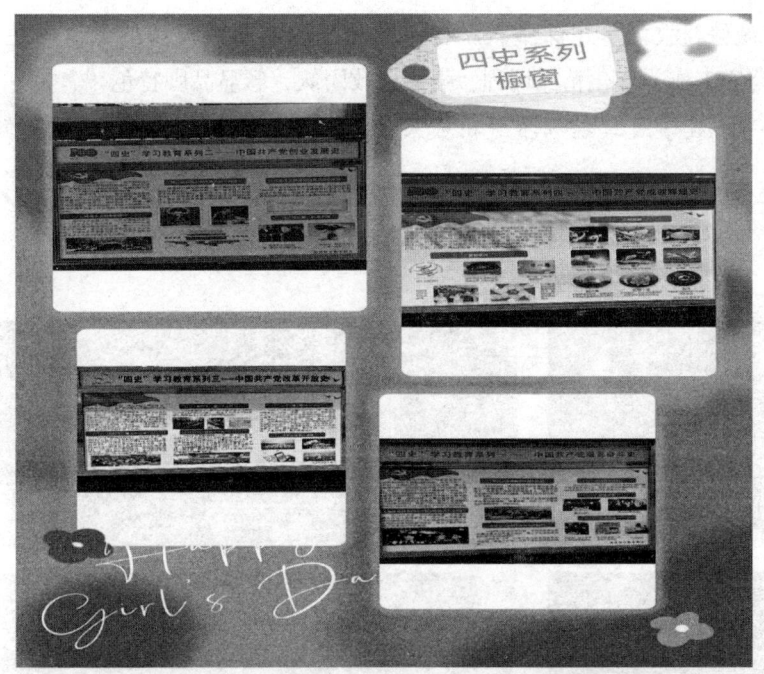

二、2022年工作室计划开展顺利

2022年是喜迎二十大召开、忠诚保平安之年，是学院"十四五"规划起步实施开局之年，是内蒙古警察职业学院向升本蓝图迈进的关键时期，警院思政人积极筹划，全力而为，围绕"内蒙古公安英模事迹"融入思政课做文章，突出"忠诚警魂教育"在课堂教学、课程开发和团队建设中的公安特色,实现"适应公安工作,优化精品课程,强大思政团队,彰显品牌特色。"

(一)教学改革继续推进出成果

1. 《毛泽东思想和中国特色社会主义理论体系概论》慕课课程本学期正式上线。

2. 自主研发项目思政课 VR 虚拟仿真实验课程《将来我就成了你——致敬公安英雄 铸就忠诚警魂》今年正式上线。

虚拟仿真实践实训项目以互联网为载体,运用虚拟现实技术,模拟公安干警在日常工作中需要面对和处理的各种突发事件,通过3D技术对场景和人物进行还原,模拟再现民警对事件的思考和处理过程。

3. 丰富课堂教学方式方法，研制翻转课堂、小组学习、晨读一刻等教学设计。

4. 拓展创新实践教学设计：观看视频教学资料、小组式微课小课堂制作（围绕学习二十大预热）等。

5. 完善五门课考试考核方式、内容和题库建设：

必修课：《思想道德与法治》《毛泽东思想和中国特色社会主义理论体系概论》《铸牢中华民族共同体意识》《形势与政策》

选修课：《形式逻辑》

（二）教学研究有条不紊

1. 编撰出版论文集一部：《新时代高校立德树人教育教学理论与实践》

2. 撰写发表论文 2-3 篇

3. 计划申报课题：校级课题 2 项；省部级课题 1-2 项；国家级课题 1-2 项。

(三) 师资培训紧锣密鼓

(四) 社团活动丰富多彩

录制李大钊的《青春》，录制学习习近平总书记的讲话精神"学习在路上"微视频，还有读书会。

疫情即是命令，"星火驿站"成员在社团精神的感召下，他们不畏艰险，逆行而上，主动请缨，自愿报名参与社区抗疫工作，以警院学子之名，助力构筑基层疫情防控坚强屏障，成为最美逆行者。

总之，思政课是高校坚持社会主义办学方向的核心课程。习近平总书记强调，我国高等教育发展方向要同我国发展的现实目标和未来方向紧密联系在一起，为人民服务，为中国共产党治国理政服务，为巩固和发展中国特色社会主义制度服务，为改革开放和社会主义现代化建设服务。

工作室的全体思政课教师在学院党委的带领下，满怀信心、践行使命。

用小故事讲述大道理，当好学生领路人，推动内蒙古警察职业学院思政课建设内涵式发展，全力推动思政课改革创新，增强思政课的亲和力、吸引力和感染力，站稳主阵地，辐射全校园。

小团队要发挥大作用，为内蒙古警察职业学院的跨越式发展、为公安工作、为锻造祖国北疆"两个屏障"的忠诚卫士、为中国特色社会主义事业，做出内蒙古警察职业学院思政人应有的贡献。

第五篇 **05**

|教学改革篇|

公安高职院校思想政治理论课教学改革研究

赵淑辉

摘　要：公安高职院校是培养预备警官的摇篮，办学层次和性质决定了其加强思想政治理论课教学改革的重要性、艰巨性。本文在分析公安高职院校思想政治理论课教学存在的主要问题和教学对象的思想行为特性基础上，结合公安院校"政治育警"的特色，提出把握"双主体"教育理念，构建和谐课堂；努力激发和培养学生的学习兴趣；科学设计普讲与精讲内容，突出忠诚教育；灵活运用多种教学方法，丰富课堂教学形式；加强实践教学建设；考核方式与时俱进，注重反映学生思想和行为的过程化考核；注重提升师资队伍的理论和警察职业素养等。公安高职院校思想政治理论课教学改革的着力点，旨在有针对性的提高思想政治理论课教学和育人效果。

关键词：公安高职院校；思想政治理论课；教学改革；研究

公安院校是培养预备警官的摇篮，学生政治素养的高低，能否树立警察职业理想，直接关系到向公安事业输送的人才能否听党指挥，能否担负起国家和人民的重托。尤其是当前我国正处在全面深化改革的攻坚期，国际国内形势复杂多变，转型期社会运行中隐性矛盾日趋显性化，对当前公安工作和人民警察的要求越来越高，所以，充分发挥警察院校"政治育警"的优势，加强思想政治理论课的教学改革，积极、有效培育人民警察核心价值观，并逐渐把优势变为强势，塑造忠诚警魂，是当前警察院校培养人才的一件大事。

当前思想政治理论教育教学在普通高校和公安院校中，普遍存在实效性不强、教学效果不理想的问题。尤其是公安高职院校，其性质与办学层次决定了在思想政治理论教育教学方面肩负着更为艰巨复杂的任务，所以，提高思想政治理论课教育教学效果，深化思想政治理论课教育教学改革研究，既是当前公安高职院校教育教学工作的亟须，更是公安教育长远发展的必须。

一、公安高职院校政治理论教学的重要意义

（一）为学生形成科学的"三观"保驾护航

树立正确的世界观、人生观和价值观，对于人的职业发展和人生规划有着十分重要的意义。公安高职院校的大学生跟我国普通高校的大学生一样，都是处于青少年成长时期的莘莘学子，他们的年龄多数都集中在二十岁左右，根据皮亚杰的认知发展理论，此阶段的青年学生正处于重要的思想转折期。又由于他们刚刚走过了严酷的高考的经历，脱离了高中阶段老师、父母的严加看管，迈入远离家乡的高等学府，突然之间的改变，使他们无所适从。此时，大学生的思想也处于相对迷茫期，他们过了青春期的叛逆，具备为国家、社会贡献力量的心理基础，正是通过学习引导世界观、价值观、人生观逐渐形成并走向成熟的关键阶段，是将来步入社会的必要政治思想准备。

思想政治理论课教学是塑造大学生的美好心灵、陶冶高尚情操的伟大事业。思想政治理论课教学历来以科学的理论、正确的政治方向、系统有序地教育学生如何做人、怎样做人，形成系统科学的世界观、人生观、价值观。社会对人的需要是全面的，人才不仅要有精深的学识、技艺，而且还要有宽阔的胸怀、健康的心态、完善的人格。因此，对于公安职业院校，在突出警察专业素质同时，更要致力于德才共生，全面发展。思想政治理论课教学正是以科学的世界观、方法论为指导，以崇高的信念和美好的道德为核心，以自我培养提高为目标，系统而全面的解决世界观、人生观和价值观形成和逐渐成熟的问题。

（二）是培养学生过硬政治素质的重要保障

公安高职院校的教育教学工作在长期不断地探索和创新中，形成了具有鲜明特色的学生思想政治教育教学工作体系，将警务化管理与思想政治教育教学紧密结合，进一步强化了学生的警务意识和政治理论学习相结合的政治素养的自我修炼，尤其是在政治理论学习过程中，在内心中形成对中国特色社会主义制度、道路的衷心拥护，使学生在校期间就具有强烈的警察职业感和使命感，愿意为国家的长治久安奋斗终生。拥有这样政治素质过硬的人才加入公安队伍中，必定是公安事业发展壮大、长盛不衰的不竭之力。

经验告诉我们，智育如果搞不好顶多出次品，而思想政治教育如果搞不好就会出危险品，只有高素质的预备警官才能担当好巩固共产党执政地位、维护国家长治久安、保障人民安居乐业的神圣职责。在社会矛盾突显、价值观多元

化的今天，用"核心价值观"占领警察精神制高点，让预备警官必须清楚作为警察"忠于谁""为了谁""维护谁""我是谁"的问题，才能在将来从警之路上真正做到"立警为公、执法为民"。

由此可见，"政治育警"是警察院校必须遵循的重要教育原则，是由公安机关人民警察的性质和肩负的使命决定的。我国的人民警察是打击违法犯罪、维护社会治安秩序、保护人民利益的重要执法力量，是人民民主专政的重要工具之一。人民警察的阶级性决定了人民警察的政治性。政治工作历来都是公安工作的生命线，这是我国公安工作的优良传统。所以，公安队伍建设首先是政治建设。同样，"政治育警"是警察院校立校育人的首要任务，警察院校要充分发挥"政治育警"主阵地的作用，抓住学生在校学习上的思想政治理论教育的关键期，充分发挥思想政治理论课教学在培育政治素质过硬、忠诚于人民警察事业的人才的保障作用。

二、公安高职院校思想政治理论课教学对象的思想行为特性分析

学生是教育的主体，是接受教育的一方面，是我们教育和关怀的对象，学生的思想行为特点直接关系到思想政治理论课教学改革的路径。

其一，目前公安高职院校的学历班学生都是在九五年后出生和成长起来的，他们大多有较好的受教育条件和生活条件，开放的环境和传播媒介使他们接受了大量信息，他们思想活跃、信息来源灵通，对生活充满美好的愿望，乐于交往，富于情感。但他们辨别是非的能力较差，尤其是政治辨别能力有待提高，看待问题和做事情往往随大流，人云亦云，在行为上还有很明显的"重义气"倾向，往往凭义气办事，评判是非的客观标准容易受情绪的左右。

学生在校期间接受严格的警务化管理，因此在基础文明礼仪、警务化行为养成方面深受其益。譬如学生在团结协作意识、遵守公共秩序和各种规章制度方面的意识都很好。但他们大多数还是缺乏对社会的真正了解，缺乏为他人、社会、国家做贡献的使命感和责任感，尤其绝大多数学生是独生子女，更关注个性的表现和自我利益的实现，注重个人实际、个人利益，在学习和做事上功利倾向明显。

其二，公安高职院校的学生在学习方面，突出的特点是缺乏学习理论性知识的兴趣，同时，部分学生没有养成良好的学习习惯，这也是许多高职学生的通病。比如学习目的性不十分明确，既没有长远的打算，也没有近期的目标；

学习计划性不强，对每天的业余时间如何安排不做思考；学习进入不了状态，只有在考试的巨大压力下被动地学习；求知欲不强，没有紧迫感，既不羡慕学习成绩好的同学，也不为自己虚度光阴而汗颜。

其三，容易产生自卑心理。公安高职学生的自尊心很强，能够意识到自己和本科院校学生的差距，能够感受到社会对高学历的认可和社会对职业院校学生存在的某些偏见，有的同学产生了自卑情绪，对自己的未来没有科学合理的定位、规划和思考，这些都影响他们的学习和生活，容易产生自卑心理。所以，如何引导学生在自己与他人、就业与成才、理想与现实之间有正确、积极地自我认识，帮助学生扭转自我认识的偏差，是衡量思想政治理论课教学效果的重要组成部分。

三、公安高职院校思想政治理论课教学改革的着力点

在课题研究的过程中，通过问卷调查、师生座谈、校外访谈、基层调研等实证分析，通过对多年教育实践的总结和思考，为思想政治理论课教学改革在理论上提出相对客观又切实可行、操作性较强，并能直接有利于教学效果提升的对策，深化了认识、打开了思路、丰富了视角、理清了脉络。思想政治理论教育教学要从公安教育培养目标出发，从学生的思想行为特征等实际情况出发，进行改革探索。

（一）把握"双主体"教育理念，构建和谐课堂

"双主体"教育理念揭示了师生双方均为主体的教育本质。教学效果一方面取决于老师教的情况，另一方面取决于学生学习的情况。政治理论的学习是一个"晓之以理，动之以情，导之以行，觉之以醒"的过程，要让抽象的政治理论、思想观念"入心""入脑"，就必须扭转以往老师满堂灌，学生只是一味地接受，被动的听讲的状况，在"双主体"的理念下，积极发挥和调动学生课堂参与的积极性，构建老师主导、学生主体的和谐课堂。逐渐弱化长期以来传统思想政治教育的"高调式"说教，"呆板式"教学，"填鸭式"灌输给学生带来的抵触和排斥心理。

和谐课堂的建设既需要学生的配合，更需要老师的精心设计和潜心研究。从老师的角度讲，和谐课堂需要老师在课堂教学中，恰当的安排和设计师生交流、互动的情景内容，给学生足够的空间和舞台，同时还要有老师精辟、幽默、诙谐的精彩总结、点评。经过精心设计和精心准备的课堂互动，是学生主体性

发挥的最好时机、最佳场所；和谐课堂还需要老师在课下，与学生建立良好的师生关系。良好和谐的师生关系是和谐课堂的关键，学生在同老师的交往中，体会到老师对学生的尊重、关心和爱护，正所谓"尊其师、重其道；亲其师，信其道；爱其师，乐其道"。现在师生课下交往越来越方便，可以通过QQ、微信等等来交流，同时也是老师了解学生思想动态的有效途径，师生和谐交往对教学效果和课堂效果的提升作用很大。把握"双主体"的理念，构建和谐课堂的思路，贯穿在以下的改革构想中。

当然，强调教学过程中的双主体性，并不意味着解构师生之间的教育关系。调动学生的主体性，并不意味着任由学生发挥，离题跑调；和谐课堂也不意味着对课堂纪律的忽视，当老好人。思想政治理论教育是一个系统工程，它以教师的赋有教育性的思想为引领，通过师生之间的思想、情感的交流与沟通，达成共识，目的是提升学生的政治理论水平和思想道德境界。因此，在强调学生主体性的同时，教师必须担当起对大学生在认知能力、人格完善、精神世界的丰盈等方面的重要引导作用。

（二）努力激发和培养学生的学习兴趣

现代心理学之父皮亚杰指出："所有智力方面的工作都要依赖于兴趣。"兴趣是最好的老师，是学习知识的动力，学生一旦对思想政治理论课产生兴趣，就会产生强烈的学习欲望。反之，学生学习的积极性就会下降，影响教学效果。

如何激发学生的学习兴趣，可以抓住以下几个侧重点：

其一，从学生关注的社会问题入手。公安高职学生的思想活跃，他们十分关注社会流行文化和社会热点问题，对社会热点、难点问题有疑问，有积极探索的欲望，从这些方面入手最能引起学习兴趣。但简单的分析和直接呈现结论的方式，不足以激发他们的求知欲。进入大学后学生的思维能力迅速提高，理论只有具备现实说服力才更能吸引学生。因此，在这些方面要激发学生的兴趣，教师教学时就要尽量联系社会现实，联系学生实际，对于社会的热点、难点问题做出科学、透彻的分析和解答，满足学生求知与探索的需要，满足学生理性思维和成长的需要，也因此才能激发学生的兴趣。

其二，灵活运用语言。课堂上教师语言的高低起伏、经典优美、幽默风趣，是激发学生学习兴趣的又一法宝。众所周知，影响思想政治理论课教学效果的重要因素之一，是政治理论本身比较抽象、枯燥，也是学生对思想政治理论课提不起兴趣的重要原因之一。教师在讲解的过程中，要尽量组织形象生动的语言，创设活跃、愉快的课堂气氛，抑或是借助深入浅出、通俗易懂的教学语言，使抽象的概念具体化，深奥的道理通俗化，枯燥的内容生动化，以此来吸引学生、激发兴趣。或者，根据实际需要适当引用一些至理名言，化难为易，使学生兴趣盎然，乐学勤学，从而达到寓教于乐的效果。另外还可以运用幽默吸引学生兴趣，把生活和教材中的内容轻松自然的联系起来，既有阳春白雪式语言的智慧启迪，又有下里巴人式语言的经典实用，让学生有兴趣、有收获。

当然，激发学生学习思想政治理论课兴趣的方法多种多样，教师只有在了解学生特点、熟悉教材内容、灵活运用教学方法、掌握教学技巧等情况下，结合自身性格、能力、风格等特点，才能做到游刃有余，提高学生学习兴趣，进而增强思想政治理论课的教学实效性。

（三）科学设计普讲与精讲内容，突出忠诚教育

其一，科学设计教材普讲与精讲的内容。如果从理论教授精细度的区分上，可以把教材内容分为普讲和精讲两部分，普讲的内容是教材的主体，精讲的内容多集中在重点和难点的部分。系统规划普讲与精讲内容就是根据学生的知识结构、兴趣点、接受能力和大纲的要求，将教材内容合理、科学的划分出哪些是采取大众方式普遍讲授的，哪些是可以使用多种教学形式精细化讲解的，这样，能从教学内容上吸引学生的注意力，克服教师对教学内容的简单、机械地重复。合理安排教学内容是老师的基本功，但随着形势、学生的变化，讲课的内容要随时进行调整和补充，老师备课很辛苦。

在任何教学改革中，教学内容吸引学生才是王道。因此，在以往的基础上，加大精讲小问题、小专题的内容设计，把那些学生"熟知非真知""日用不知，习焉不详"的道理，把那些常识性的政治理论知识精讲、讲透，让学生有一种醍醐灌顶、恍然大悟、心服口服的感受。同时，精讲的内容可以适当选取理论的难点和学术的前沿，这样讲起来学生会佩服老师渊博的学识，也能认识到理论学习和积累的重要性，进而增加对理论学习的兴趣；精讲内容的选取上，更多的要贴近社会、贴近生活、贴近实际，更接地气、更有血有肉。比如，在传统思想政治理论课包括世界观、人生观、价值观的培养和爱国主义、集体主义、社会主义、形势与政策的教育以及职业道德、社会公德、家庭美德的这些基本内容基础上，从教学对象和教学实际出发，选取学生关注的热点难点体现到教学中，对问题的内涵和外延细讲、讲透，特别是刚刚发生的新鲜事，最好是从这些新鲜事中提炼出我们要讲的教学内容，或者恰到好处的导入到教学内容中，这样更易于大学生接受。普讲和精讲有机统一，可以让学生每节课都有期待、有收获。

其二，公安高职院校的思想政治理论课必须突出忠诚教育。公安院校的青年学生，既是成人之始，也是从警之初，处于世界观、人生观、价值观塑造的关键期，只有扣好从警第一粒"扣子"，打好从警的政治底色，才能起好步、行得远。公安教育工作必须把筑牢忠诚警魂作为核心任务，系统抓好警魂培育，着力打造基本理论灌输、党史警史学习、优良传统熏陶、日常行为养成一体的培育格局，在校期间就把学生的"钙"补足，把"忠诚基因"熔铸到血液里，切实做到内植于心、外化于行，确保成为公安事业的合格接班人，成为党和人民的忠诚卫士。

忠诚教育是政治育警、政治强警的核心。因此，在政治理论各门课的教学中，都要紧紧围绕铸就忠诚警魂核心，多向学生讲中国共产党的光辉历程，多向学生讲人民警察恪尽职守、不怕牺牲的鲜活事例，让学生牢固树立人民警察核心价值观，在内心中种下热爱人民公安事业的种子。

（四）灵活运用多种教学方法，丰富课堂教学形式

理论讲授法是我们运用最多的教学方法之一，除此之外，比如案例教学法、讨论、辩论等也是我们常用的方法。每种教学法都有它的优势，多种教学法穿插使用，能够很好地克服教学形式单一，活跃课堂气氛。如案例教学法，教师可以在讲授过程中，适当地运用案例教学方法，以帮助学生加深对抽象概念和原理的理解。例如在忠诚教育中，通过对任长霞等公安机关忠于党、忠于祖国、忠于人民、忠于法律的模范人物先进事迹的介绍，能够取得良好的忠诚教育效果。因此，任课教师应注重从现实经济生活中挖掘好的案例素材，通过对具体案例的具体介绍，深入分析和讲解，启发调动学生的思考。通过案例教学可以赋予抽象概念和原理以生动的解释。例如组织讨论和辩论，课堂讨论和辩论能够有效调动学生学习理论的积极性和主动性；激励学生主动思考，锻炼提高他们的自我表达能力；有助于学生自觉地对理论知识进行深入探寻，培养学生透过现象看本质的思维方法；培养和提高学生理论联系实际的能力，这些能力的培养对于共和国预备警官来说都是非常必要的。具体的教学方法还有很多，需要老师不断去探索和尝试。

（五）加强实践教学建设

政治理论教学分为理论教学和实践教学两部分。实践教学对强化学生的认识，坚定理想信念有重要的意义。学生可以在实践教学中认识、感受我国各项事业取得的巨大成就，可以提升他们的政治觉悟，增强社会主义信念；学生针对社会实践过程中发现的问题进行思考、讨论、寻找解决问题方法，可以激发

学生的社会责任感和使命感，也有利于消化吸收课堂所学理论知识。因此我们应当用好实践教学的机会，认真设计每一次实践教学。

公安高职院校思想政治理论课实践教学除了普通高校实践教学模式的共性以外，还有自己独特的实践教学优势，比如公安院校有机会组织学生参加校外各种大型安保活动、执勤活动及寒暑假到基层公安机关见习等校局互动活动，这些特殊活动的重要性和对学生的锻炼是其他普通高校不具可比性。举办以思想政治理论为主题的演讲比赛、辩论赛、手抄报、板报、征文比赛、主题班会，举办雷锋纪念日活动、参观烈士陵园、革命圣地等，到开发区、新农村参观、调研、军训等等。

（六）考核方式与时俱进，注重反映学生思想和行为的过程化考核

考核方式是教育教学的指挥棒，考核既是对教师教的成果的检测，也是对学生学的效果的检测。有效的考核机制既是对学生学习的一种鼓励，也是一种督促，更能调动学生学习的积极性，所以考核方式改革是公安高职院校思想政治理论课教学改革的重要组成部分。

现有的考核方式主要包括期末卷面考试和平时成绩两项。在期末卷面考试中，可以将原来的试卷中以考核知识点为主的内容，变更为更侧重考查学生运用所学知识解决问题能力的题型。在平时成绩中老师可以灵活掌握，比如学习态度、课堂积极性、回答问题的正确率、作业、笔记情况等等，都要纳入平时成绩中。在作业成绩中，老师要给每位学生写一份结业评语，装进学生成绩档案，既能督促老师了解、关注每一位学生，做到因材施教，又能为将来用人单位提供第一手资料，促使学生自我监督、为自己学习负责。还可以让学生写一份《思想政治理论学习报告》，并进行分组答辩，答辩时，组内成员可以互相补充。这种形式可以锻炼学生文笔、口才、临场应变等多方面能力，也能综合反映出对学过的知识的融会贯通程度，能非常好的检验教学效果。

总之，考核评价体系应当秉持过程和结果相统一的评价原则，采用定性和定量分析相结合的评价技术和方法，坚持评价主体的多元化，实行灵活多样、多种形式的综合考核办法，注重把学生的平时成绩、考试成绩、实践成绩等多方结合起来。

（七）注重提升师资队伍的理论水平和警察职业素养

人才的培养离不开高水平的师资队伍。公安院校的教师具有教师和人民警察双重身份，因此，必须要全面提升教师的理论素质和人民警察职业素养，需要培养学者型与公安实践型相结合的高素质教师队伍。公安院校应该加大对师

资队伍建设的投入，有条件的学校还可以定期、分批对从事思想政治教育工作的教师进行外派学习、在警察岗位实践锻炼，满足公安院校对教师职业的更高标准和要求。

参考文献

1. 邱伟光. 思想政治教育学原理［M］. 北京：高等教育出版社，2003：2.

2. 蔡安季. 加强公安高等院校大学生思想政治教育，进一步提高思想政治理论课教学水平［J］. 公安教育，2006（9）：7-9.

3. 李金华，尚德平."中特"理论普及中的定位与方法探析［J］人民论坛·学术前沿，2011（4）：52-53.

4. 贺衡艳，邓建军. 高职院校思想政治理论课教学改革的实证分析［J］. 教育与职业，2009（7）：116-118.

5. 蒋玉莲，尹彦. 公安院校思想政治理论课实践教学模式创新研究［J］. 安徽警官职业学院学报，2013（3）：83-86.

6. 喻刚勇. 激发学习兴趣，增强高职思想政治理论课教学实效性［J］. 重庆电子工程职业学院学报，2012（3）：145-146.

7. 周钢，宋小宁. 新形势下公安院校思想教育工作新机制的探索［J］. 吉林公安高等专科学校学报，2000（3）：57-60.

8. 张东宁，张永平，李庆民. 谈加强思想道德修养课教学的实效性［J］黑龙江教育学院学报，2006（5）：147-148.

9. 杨辉. 高校思想政治理论课教学方法与手段改革的再探索［J］. 社科纵横，2007（22）：147-148.

10. 杨淑鸿，冯国亮. 关于加强人民警察思想道德建设的思考［J］山西煤炭管理干部学院学报，2009（2）：135-136.

公安英模精神融入公安院校思想道德与法治课的路径研究
——以内蒙古警察职业学院为例

李静静

摘　要:"思想道德与法治"课（以下简称为"德法"课）是对大学生开展马克思主义的世界观、人生观、价值观、道德观、法治观教育的一门公共基础课程。将公安英模精神融入公安院校"德法"课，进一步挖掘公安英模精神的育警功能，推动形成"公安英模进教学、公安英模进课堂、公安英模精神进人心"的立体化育人格局，推进公安院校正规化专业化职业化建设，增强学生的职业荣誉感和使命感，切实做到"对党忠诚、服务人民、执法公正、纪律严明的总要求"，筑牢忠诚警魂，赓续忠诚血脉，培养和锻造党和人民的忠诚卫士。

关键词：公安英模精神；英模；公安院校；思想道德与法治；德法课

公安英模精神是公安院校职业精神的支柱，校园文化的灵魂。2017年5月19日，习近平总书记亲切会见全国公安系统英雄模范立功集体表彰大会代表并发表了重要讲话，深刻阐明了新时代公安英模精神的内涵，"公安英模精神以忠诚筑底，他们忠诚于党和人民事业，始终用秉公执法捍卫人民利益和法律尊严。公安英模精神以担当支撑，和平年代，他们牺牲最多、奉献最大，几乎没有节假日、休息日，经常有流血、牺牲，用顽强拼搏和无私奉献履行职责使命。公安英模精神以英勇着色，他们面对危险赴汤蹈火在所不辞，彰显无所畏惧、坚不可摧的正义之气。"[1]忠诚、担当、英勇是全体公安民警的价值追求，更是忠诚履职践行使命的壮美情怀；忠诚、担当、英勇是无数公安民警用血水和汗水汇聚起来的宝贵的精神财富，指引着公安学警砥砺前行；忠诚、担当、英勇是公安院校育人方向，同时也对公安院校的思想政治教育工作提出了要求，指明了方向。因此将公安英模精神融入"德法课"，进一步挖掘公安英模精神的育警功能，确有必要。

一、公安英模精神融入公安院校思想道德与法治课的意义

（一）提高人才培养质量，培育忠诚捍卫者

国家安危，公安系于一半，公安队伍是保持社会秩序稳定的绝对中坚力量，而公安院校则是公安机关的重要组成部分，肩负着为党育人、为国育才、为警铸剑的重大职责使命。公安英模精神融入公安院校大学生思想政治教育，有助于进一步提高公安院校人才培养质量。[2]近年来，公安机关招录体制进行了改革，公安院校的毕业生成为补充警力的主要来源，因此，提高公安院校的人才培养质量，是从源头上提升公安队伍整体素质和战斗力的重要途径。公安院校坚持以习近平总书记提出的"对党忠诚、服务人民、执法公正、纪律严明"总要求作为人才培养目标和总遵循，坚持"政治建警""政治建校"，把政治合格作为衡量人才培养的第一要求。"德法课"是一门重要的思想政治理论课，是落实立德树人根本任务的关键课程，也是公安院校育警铸魂的"首课"，这对公安院校的"德法课"有了更高的要求，公安院校"德法课"是警魂熔铸、知识传授、能力培养、素质提升、作风锤炼、人格塑造的有机融合的一门课程，在提升思想道德素质和法治素养的同时，要塑造忠诚、担当、奉献的政治品格，培养一支又红又专，能够担当新时代历史使命的公安专业人才队伍。榜样是一盏明灯，照亮前行的道路，指引前进的方向，公安英模是时代的楷模和榜样，是永远的警魂和脊梁。从国家观、历史观、人生观、价值观、职业观等多维度以公安英模为榜样，以公安英模精神为指引，不断激励预备警官学习践行英模对党忠诚，甘于奉献，勇于担当的崇高精神和为民情怀，努力为公安事业培养一大批忠诚捍卫者和坚实的后备力量。

（二）丰富公安校园文化，筑牢思想根基

文化生活不仅能够强身健体，丰富业余生活，还能够在潜移默化中熏陶感染个体的思想观念、价值判断和道德行为。公安校园文化是公安院校发挥文化育警功能，加强思想政治教育的重要因素。在公安校园文化中公安英模精神则是灵魂，"德法课"大力弘扬公安英模精神，丰富公安校园文化，筑牢思想根基。公安英模是新时代公安队伍中涌现出的杰出代表，他们用实际行动模范践行了人民公安为人民的铮铮誓言，以崇高精神引领带动着广大民警奋勇向前，他们是时代英雄，更是青年学子学习的榜样，他们身上百折不挠的刚毅、永不言弃的坚韧、舍身忘我的奉献，激励着源源不断的新生力量，前仆后继，无所畏惧地投身到公安事业中。通过学习弘扬英模精神，形成以英模精神为核心的良好校园文化氛围，在无形中感染熏陶学警，教育引导青年学子把信仰的种子植入灵魂、把忠诚的基因融入血脉，筑牢思想根基。

（三）注重专业融合，增强"德法课"获得感

目前思政课在教学中面临着一些困境，比如说学生的学习兴趣低，抬头率不高，学习实效性差等一系列问题。这也是理论课程的通病，德法课也不例外，"德法课"的教学中也存在一定困境，例如：内容枯燥、教学模式单一、专业性针对性不强等。为提升思政课的教学效果，思政课教师深入反思，查找原因，以内蒙古警察职业学院为例，立足公安院校的专业特性，将公安英模精神融入"德法课"，挖掘提炼公安英模精神中蕴含的丰富思政教育元素，实现从教材体系向教学体系转化，向专业体系转化，通过一些鲜活的公安英模事迹，公安工作典型案例，让英模精神促进价值引领，让英模精神涵养心灵，让思政课更有趣、更有料，引导青年学生形成正确的人生观、价值观、道德观、法治观、职业观。同时提升对"德法"课的学习兴趣，调动学习的积极主动性，提高学生分析、解决问题的能力，提升对职业的认同感使命感，从"德法课"中有所获、有所得，真正喜爱这门课程。

二、公安英模精神融入公安院校思想道德与法治课的路径

大力弘扬英模精神，通过课上课下，线上线下等多种形式，推动英模精神进校园、进课堂、进人心，积极营造学习英模精神的浓厚氛围。用典型人物的突出事迹，引导青年学习铸就忠诚警魂，树立为民服务的宗旨意识，坚持执法公正的价值取向，加强纪律严明的自我要求，为广大学子提供榜样引领和精神动力。

（一）课堂教学学英模

1. 弘扬英模精神，凝聚强大精神力量

实现中华民族的伟大复兴必须弘扬中国精神，就是以爱国主义为核心的民族精神和改革创新为核心的时代精神。公安英模精神是中华民族精神的重要组成部分，是公安机关维护国家政治安全、社会长治久安、人民安居乐业的精神支撑和前行的力量。以内蒙古警察职业学院为例，将公安英模精神融入第三章弘扬中国精神，通过讲述身边的英模故事，弘扬民族精神。例如：观看影片《片警宝音》，"影片主要讲述了内蒙古自治区乌拉特后旗公安局潮格温都尔镇派

出所副所长宝音德力格尔,17年来,坚守戈壁草原,成为牧民心中'赛因察戈答'(蒙古语,意为好警察)的感人故事。他是中国辖区面积最大的片警,所管辖的责任区有1672平方公里,比两个北京市区面积还要大,17年来,他骑坏了6辆摩托车,他每月深入辖区20多天,每年平均行程6万多公里,总里程相当于绕地球25圈。2014年10月,他被评第五届全国公安机关我最喜爱的人民警察,荣获'全国公安机关一级英雄模范'荣誉称号。"[3] 同学们看完影片后说:"他是辖区最大的片警、牧民群众的贴心人、辖区情况的'活档案',用自己的实际行动在诠释着爱国、忠诚、奉献、担当的精神,是我们的榜样"。广大公安英雄模范身上体现的忠诚信念、担当精神、英雄气概,是中华民族伟大精神的真实写照。通过一个个英模事迹、一次次的深入讨论,引导学生高举理想信念的旗帜,爱岗敬业、恪尽职守、惩恶扬善,彰显崇德向善的社会正气,铸就忠诚警魂,不断推动培育和践行社会主义核心价值观,为实现中华民族伟大复兴的中国梦积聚起强大的精神力量和有力的行动支撑。

2. 弘扬英模精神,践行社会主义核心价值观

一个国家、一个民族最持久、最深层的力量是全社会共同认可的核心价值观,社会主义核心价值观是全体中国人民共同的价值追求。公安英模精神则是公安民警的价值追求和精神指引,立足岗位生动诠释着社会主义核心价值观,为培育和践行社会主义核心价值观提供了实践载体,与社会主义核心价值观具有共同的精神特质和价值追求。大学时期是价值观形成的关键时期,人生的第一粒扣子一定要扣好,将公安英模精神与第四章社会主义核心价值观相结合,丰富公安校园文化,形成积极践行社会主义核心价值观的良好氛围,推动社会主义核心价值观在警营落实,在公安学子心中种下真善美的种子。公安英模精神是公安英模对"对党忠诚、服务人民、执法公正、纪律严明"的总要求的实践,也是对社会主义核心价值观的践行。公安英模身上忠诚勤奋、无私奉献、执法公正、一心为民的情怀就是在用实际的行动在践行社会主义核心价值观。目前,随着社会思想多元多样多变,在价值观领域中也面临着多种挑战,意识形态领域斗争越来越激烈,特别是西方的"普世价值"地渗透,带来了一定的问题,"德法"课通过鲜活的公安英模事迹去找寻英模身上崇高的价值追求,将公安正能量传播到青年学子中,感受社会主义核心价值观因真实可信而具有的强大力量,把握好价值观形成的关键时期,引导青年学生勤学、修德、明辨、笃实,认清"普世价值"在理论和实践上的虚伪性,确立正确的价值观,坚定价值观自信、文化自信。

3. 明确使命担当，恪守职业道德

忠诚、担当、英勇是公安英模精神的灵魂，是公安民警的职责使命，是公安院校的培养目标，将公安英模精神与绪论担当复兴大任、成就时代新人和第五章第三节恪守职业道德有效融合，培养忠诚、担当、英勇的新时代公安学子，担当时代使命，恪守职业道德，推动公安事业向前发展。首先，在绪论内容中让学生正确认识我们的历史方位，中国特色社会主义进入新时代，在这个新时代广大青年有广阔的发展空间，同时也承载着伟大的使命。作为公安院校的学生，还需要了解新时代公安工作的特点及新时代公安民警所具备的素质，才能担当实现富强民主文明和谐美丽的社会主义现代化强国的职责使命，不负时代、不负韶华，努力为新时代贡献青春力量。而新时代公安英模的鲜活事迹就是最好的指引，比如说全国特级优秀人民警察草原上的"守夜人"慕彦斌、刑侦一线的钢铁战士沈洋；全国优秀人民警察战役一线守国门那森、公安战线的多面手李磊、"火眼金睛"的查缉能手张伟等等，在内蒙古公安涌现出来的公安英模在新时代明确自己的职责使命，在各自的岗位上，应对不同的挑战与艰难，却始终坚定自己的理想信念，坚实自己的职责使命，为实现伟大梦想贡献着自己的力量。其次，内蒙古警察职业学院"德法"课在职业道德内容中融入公安英模精神，将恪守职业道德这个内容单独列出，进行专题式讲授，为推进公安院校正规化专业化职业化建设添砖加瓦。虽然学生在其他专业课程中学习公安专业各项课程，但是对于人民警察职业道德以及公安英模精神没有系统的学习，专题课在学习人民警察职业道德的同时分析公安英模精神的形成历史，"从公安英模精神孕育、形成、发展，深入了解公安英模精神的深刻内涵及启示，在时代背景下，系统分析公安英模精神的历史，不同时期既有联系又有差异，形成了具有历史传承的公安英模精神，引导学生遵守职业道德，爱岗敬业，始终坚持学习弘扬公安英模精神；把握好时代脉络，更好地适应新时代公安工作；加大公安英模精神的社会影响。"[4]

4. 坚定理想信念，铸牢忠诚警魂

中国共产党人始终坚信马克思主义、共产主义信仰，坚定中国特色社会主义信念，前仆后继，奋勇向前，取得了今天的伟大成就，中国特色社会主义进入了新时代，更加坚定了实现中华民族伟大复兴的信心，公安院校学生作为公安事业的生力军和活力源泉，要坚定理想信念，铸牢忠诚警魂，为实现伟大梦想保驾护航。将公安英模精神融入第二章追求远大理想坚定崇高信念，通过选取典型英模事迹，以个人讲述、小组讨论等形式与学生一起分析公安英模为何能够在自己的岗位上做出突出贡献，为何能够在众多的人员中脱颖而出，以及公安英模在遇到复杂难题时如何解决，面对诱惑挑战时如何应对等方面，从而逐步突出树立远大的理想、坚定崇高信念对于一个人的人生价值的实现的重要性。引导青年学子要坚定马克思主义、共产主义信仰、中国特色社会主义的信念，实现中华民族伟大复兴的信心，把忠诚、担当、英勇挺在前，科学把握理想与现实的辩证统一；坚持个人理想与社会理想的有机结合；认识实现理想的长期性、艰巨性和曲折性，艰苦奋斗，不断增强学习本领、创新本领，忠诚履职尽责，为实现中国梦注入青春力量。

(二) 实践教学走近英模

1. 英模进课堂

英模现身说法，以内蒙古警察职业学院为例，邀请学院优秀毕业生李贵忠、郭锰、李嘉琦通过故事分享，交流答疑等形式，拉近与学弟学妹的感情，同时也让在校学生见证英模风采。以从警初体验是怎样的？从警路上经历了哪些困境与挑战？又是如何克服与应对的？来讲述自己的从警故事，分享自己的从警理念，营造学习英模、崇尚英模、争当英模的良好氛围。他们是对党忠诚、服务人民、执法公正、纪律严明总要求的模范践行者，是当之无愧的警院榜样，是激励公安学子冲锋向前的旗帜。公安英模进课堂教育引导广大青年预备警官铸牢忠诚警魂，让忠诚的基因在警营薪火相传。

2. 我身边的"英模"

根据对公安院校学生的家庭情况的摸底调查，了解到公安院校学生中亲属从事公安工作的较多，这些学生从小受到家庭影响和熏陶，对公安事业怀揣着崇敬和向往，满怀荣光与梦想，踏上了从警之路，来到了公安院校。开展以我身边的"英模"为主题的故事分享会、微视频、情景剧、前辈寄语等让学生来讲述我身边的"英模"故事。每一个公安民警身上都有很多能够挖掘的故事，他们都在都用实际行动践行着对党忠诚、服务人民、执法公正、纪律严明的总要求，他们的敬业精神和职业操守，是公安人的真实写照，通过预备警官来讲述他们身边的平凡且又不平凡的"英模"故事，进一步走近英模，走进英模。

3. 我成为"英模"

以内蒙古警察职业学院为例，为丰富公安院校校园文化，大力弘扬英模精神，增强预备警官的职业感、归属感、使命感，同时也为加强学生的思政课程参与度，保证课程的有效性，推动实践教学，内蒙古警察职业学院政治理论教学部团队以学生学习的兴趣点以及职业精神培养为着力点，依托智慧树教育平台开发了一项学习公安英模,弘扬英模精神的虚拟仿真体验式教学项目"将来我就成了你",该项目设立两个模块,第一模块学习英模,选取近年来在内蒙古公安系统为巩固好民族团结、社会稳定、边疆安宁的政治局面有突出贡献,具有广泛影响力、传播力的优秀英模事迹,学习英模,走进英模;第二模块学子力行,通过虚拟仿真技术,让学生在虚拟环境中亲身感受不同警种的日常工作,以及在工作中所面临的各种问题,通过这种虚拟仿真的技术让学生切身体验"成为英模",感受我们公安民警在工作中的艰辛和不易,感受这个职业的使命与担当,感受这个职业的崇高与伟大。立足"忠诚、勤奋、团结、奉献"的校训精神,积极引导青年学警矢志不渝做"两个屏障"忠诚卫士,为维护国家安全、社会公共安全、人民生命财产安全筑起一道坚不可摧的钢铁长城。

(三)思政课教师模范践行英模精神

学高为师,身正为范,作为公安院校的教师,具有双重身份,既是人民教师又是人民警察,这也就意味着有双重的职责和使命。公安院校"德法课"要发挥好宣传弘扬公安英模精神的主阵地作用,"德法"课教师要讲好英模故事,弘扬英模精神,同时要向公安英模学习,以公安英模为榜样,成为公安英模精神的率先垂范者,积极践行者。不仅要成为精通专业知识的"经师",还要学做涵养德行,成为学生榜样的"人师",牢记为党育人、为国育才、为警铸魂的初心使命,用"对党忠诚、服务人民、执法公正、纪律严明"的总要求去严格要求自己,用自己的道德品质去感染学生,用自己的言传身教去带动学生,得到学生的尊重和信任,成为一支政治强、情怀深、思维新、视野广、自律严、人格正的思政课教师队伍,努力为公安事业储才育才,为党和国家培养忠诚卫士。

参考文献:

[1] 习近平. 在接见全国公安系统英雄模范立功集体表彰大会代表时的讲话 [N]. 人民日报, 2017-05-20 (1).

[2] 刘颖. 英模精神融入公安院校大学生思想政治教育研究 [J]. 武警学院学报, 2018, 34 (9): 65-66.

[3] 陈方. 戈壁红驼——记共产党员、"草原片警"宝音德力格尔 [J]. 党建, 2012 (6): 49-51.

[4] 栾铠晨, 肖浩. 公安英模精神的形成历史与启示 [J]. 北京警察学院学报, 2021 (4): 85-92.

公安院校刑事诉讼法课程融入思政教育的路径研究

刘 兰

摘 要：为适应新时期公安队伍建设和公安工作对人才培养质量的要求，《刑事诉讼法》课程需扎实推进思政课改革创新，强化忠诚警魂教育，强调"德法兼修"，培养学生具有敏锐的政治意识和坚定的政治立场。本文从发掘思政元素、设计教学体系、革新课堂教学模式着手，分析《刑事诉讼法》课程教学中渗透思政教育的路径。

关键词：刑事诉讼法；思政教育；课堂教学

刑事诉讼法是公安机关办理刑事案件的重要法律依据，《刑事诉讼法》课程是公安院校学生学习的必修课程。为深入贯彻落实习近平总书记关于思政课建设重要指示精神，适应新时期公安队伍建设和公安工作对人才培养质量的要求，充分体现"坚持政治建警 全面从严治警"，近年来，我院《刑事诉讼法》课程逐渐探索将思政元素融入课程教学中，扎实推进思政课改革创新，结合课程特点，挖掘思政融入点，优化融入方式，强化忠诚警魂教育，强调"德法兼修"，聚焦政治认同、家国情怀、品德修养、职业精神等方面的价值引领，培养学生具有敏锐的政治意识和坚定的政治立场，努力实现全员全过程全方位育人。事实证明，在《刑事诉讼法》课程教学中渗透思政教育是可行的。

一、深入发掘思政元素，全面融入思政教育

《刑事诉讼法》课程教学要从刑事诉讼法的立法目的、基本理念、基本原则以及辩护、证据、强制措施等各项具体的制度与程序中，深入发掘思政教育的元素和内涵。不仅要挖掘课程本身的思政元素，更重要的是要与公安院校特殊性质结合起来，紧紧围绕立德树人、铸魂育警根本任务，践行习近平总书记提

出的"对党忠诚、服务人民、执法公正、纪律严明"总要求，培育法治思想，培养警察意识，强化人民警察职业道德和职业责任感、使命感。

（一）坚定法治信仰，树立公正理念

习近平法治思想内涵丰富、论述深刻、逻辑严密、系统完备、意义重大，是我国新时期全面依法治国的理论基础和指导思想，也是公安院校建设和公安人才培养的根本指导思想。作为公安院校的法律课程，《刑事诉讼法》必须把习近平法治思想贯穿于课程教学中，将习近平法治思想进课堂、进头脑，弘扬社会主义法治精神，树立社会主义法治信仰，引导学生牢固树立法治思维和法治意识，自觉成为社会主义法治的忠实崇尚者、自觉遵守者、坚定捍卫者。

公正是法治的生命线。刑事诉讼法中，值班律师、非法证据排除、指派辩护等诸多制度性规定都体现了程序工作的价值追求。[1]公安院校以培养执法者为目标，《刑事诉讼法》课程教学，要让学生具备"正义不仅要实现，更要以看得见的方式实现"的意识和能力，引导学生逐步建立"努力让人民群众在每一个司法案件中都能感受到公平正义"法治理念，规范公正文明执法，树立公平正义的信仰，不断提高执法公信力，自觉投身到维护社会公平正义的进程中。[2]

（二）践行"对党忠诚、服务人民、执法公正、纪律严明"总要求

习近平总书记在向人民警察队伍授旗训词时，对人民警察队伍提出四点总要求：对党忠诚、服务人民、执法公正、纪律严明，为公安院校人才培养指明了方向。习近平总书记的重要训词，立足于政治的全局和战略高度，强调坚守对党忠诚这一政治灵魂，有利于增强人民警察做党和人民忠诚卫士的政治自觉；强调坚守服务人民这一根本宗旨，有利于增强人民警察践行"人民公安为人民"初心使命的行动自觉；强调坚守执法公正这一价值取向，有利于增强人民警察不断提升执法公信力的思想自觉；强调坚守纪律严明这一重要保证，有利于增强人民警察按照"四个铁一般"标准锻造公安铁军的实践自觉。作为警察队伍重要来源的公安院校，在授课过程中，要牢记并领会习近平总书记训词要求，并将其融进刑事诉讼法课堂讲授，融进学生头脑之中，引导学生加强政治历练、涵养为民情怀、坚持勤学苦练、锤炼作风形象，做有信仰、有担当、有本领、有纪律的预备警察。

（三）坚定政治担当，增强职业认同

公安机关是党和人民手中掌握的"刀把子"，公安队伍建设必须突出"公安姓公"这一根本属性，坚持政治建警这一重要原则，坚定政治信仰，把准政治方

172

向。在校期间，要不断筑牢学生高举旗帜、听党指挥、忠诚使命的思想根基。要求学生要有高远的政治站位，以及高度的政治自觉，始终在思想上、政治上、行动上与党中央保持高度一致，增强警察职业认同感。要使学生真正思考自己"为何从警""如何从警""为谁用警"三个问题，坚决捍卫国家利益、捍卫人民利益、捍卫法律尊严，坚定不移做中国特色社会主义事业的建设者和捍卫者。[3]

二、选取思政切入视角，科学设计教学体系

在进行刑事诉讼法授课中，教师应当科学选取思政切入视角，科学设计教学体系，将思政元素有机融入课堂教学，寓价值观引导于知识传授之中，坚持价值性和知识性相统一，将思想政治教育渗透到教书育人的过程中。

（一）结合刑事诉讼法的发展历程及中外制度比较

学习一部法律，我们首先要对这部法律制度有正确认知、认同、自信。在法律体系中，刑事诉讼法素有"人权法"之称，被称为"小宪法"。我国刑事诉讼法最基本的中国特色就是始终坚持以人为本，以人权保障为核心。我国刑事诉讼法1979年制定，又历经3次修改，不断对中国特色刑事诉讼制度进行改革与完善。

在刑事诉讼法概述章节，可以回顾刑事诉讼法四十年发展史，让学生学习新时代刑事诉讼法律制度的新发展，保持对实践的高度关注和高度敏感。通过感受刑事诉讼法发展历程，体会中外刑事诉讼制度对比，从而更加坚持人权保障原则，坚定制度自信，增强民族自豪感，强化爱国精神。

（二）援引习近平系列讲话及法学谚语

习近平总书记的系列讲话及法谚法语可以作为很好的思想政治教育素材。在授课中，可适当引用《习近平新时代中国特色社会主义思想学习纲要》《习近平谈治国理政》《习近平法治思想概论》等习近平著作，还可以借助"学习强国"学习平台中的"习近平金句"等，作为思政教育切入点。例如：2021年12月6日在十九届中央政治局第三十五次集体学习时的讲话："要始终坚持以人民为中心，坚持法治为了人民、依靠人民、造福人民、保护人民，把体现人民利益、反映人民愿望、维护人民权益、增进人民福祉落实到法治体系建设全过程。"[4]就可以作为"辩护与代理"一章"辩护人权利"的思政素材，帮助学生牢固树立尊重和保障犯罪嫌疑人、被告人权利的理念。教学实践表明：将习近平总书记重要讲话精神引入课堂教学，能够有效提升学生思想政治素质，增强课堂教学的思想性。

（三）导入影视剧情、法治栏目

可结合《人民的名义》《巡回检察官》《扫黑风暴》等法律题材的电视剧，选取部分故事情节，让学生在课堂上或课后观看并进行思考、探讨，将《刑事诉讼法》中抽象、枯燥的理论知识立体化、形象化。从剧中的人物或事件为视角，切入刑事诉讼法律知识，引导学生向剧中的优秀执法者学习、看齐，学习他们秉公执法、刚正不阿的气魄，进而培养学生严格规范执法、不惧任何权威的意识，树立对党忠诚、为民负责的人生观、价值观，增强学生规矩意识、法治意识、纪律意识，忠于法律、严于律己、防微杜渐，争取做一名党和人民满意的人民警察。

《今日说法》《庭审现场》等电视节目中的案例多源于现实生活，呈现案件更加完整，能够更真实全面反映刑事办案及审理程序。教师可以根据教学内容，对案例视频进行剪辑使用。如在讲授《非法证据排除规则》知识时，将《今日说法》的2017年推动中国法治进程十大案件之一"卢荣新案"进行片段化剪辑，引入课堂，与学生深入剖析案情，运用非法证据的种类及认定理论知识，逐一分析案件的关键证据，并引导学生交流探讨：公安机关在侦查案件的过程中如何切实防范冤假错案的发生，强调我国近年来依据防止、纠正冤假错案的决心，真正领悟习近平总书记"公平正义是执法司法工作的生命线"的真谛。实践证明，学生通过参与真实案例的讨论，将理论与实践相衔接，在此过程中进行思政教育，能够更好地达到学以致用，实现"润物细无声"式思政教育的效果。

（四）结合社会热点事件或案例

1. 引入防控新冠疫情工作中的典型案例

全国人民共同抗击疫情是当下最好的"课程思政"素材，我国政府和人民在这次大考验中所做出的努力和取得的成绩，彰显了我国的社会主义政治优势、制度优势，同时也展示出我国上下齐心、众志成城抗击疫情的中国精神。目前，疫情防控形势依然严峻，国内零星散发病例和局部暴发疫情风险依然存在。抗击疫情，人人有责，个人防护丝毫不能松懈。但总有个别人法纪意识淡薄，不配合疫情防控，利用疫情制造、传播谣言、哄抬物价、隐瞒行程、辱骂、殴打防疫工作人员等妨害疫情违法犯罪行为时有发生，教师可选取有典型性的案例作为思想政治教育素材。

例如，在讲授刑事强制措施之刑事拘留时，作者选取了"内蒙古统计局女职工刘某某拒不配合疫情防控被刑事拘留案"作为导入课堂案例，讲解刑事拘留的适用条件及程序要求。通过案例，引导学生学习刑事强制措施制度，进而坚定理论自信、制度自信，培养"以人为本"的执法意识，增强学生社会担当意识和历史使命感，树立严格执法、依法治国理念，同时，引导学生树立国家一定能够战胜突发公共卫生事件的坚定信念，培养学生使命感和社会责任感。[5]

2. 引入社会热点事件或案例

刑事诉讼法教材中的制度理论、程序规定相对枯燥、乏味，仅单纯讲授理论内容，学生理解难度较大，甚至可能会导致学生逐渐丧失学习兴趣，教学效果不佳。教师可选择当下的社会热点事件或案例作为素材，成功引出理论知识点，可以增加课堂气氛的活跃性，提高学生主动性，激发其兴趣。充分利用该热点事件或是问题引导学生分析理论知识，有利于学生从深度和广度上理解知识点，熟练掌握和运用理论知识，提高学生学习质量，增强其理论实践能力。

例如在讲授刑事强制措施时，教师可结合"吴亦凡案"与学生一起探讨刑事拘留、取保候审及逮捕等刑事强制措施，培养其分析问题、运用知识的能力。同时还可以借助该事件，对学生进行思想政治教育，以社会主义核心价值观为出发点思考、评判社会现实问题，让学生明白什么才是真正的"明星"，提升学生的分辨能力，引导其树立正确的世界观、人生观、价值观。实践表明：通过将社会热点事件引入课堂，将书本理论实践化，学生的学习兴趣更高，参与度也更高，能够对学生的思想政治教育起到很好的效果。

三、革新课堂教学模式，推进课程思政创新

（一）线上

1. 利用学院在线开放课程资源

学院《刑事诉讼法》课程于 2014 年被评为学院精品示范课程，2015 年被评为内蒙古自治区精品课程，2018 年被评为内蒙古自治区高等学校在线开放课程立项建设，目前课程已经成功上线运作。在刑事诉讼法在线开放课程制作过程中，教师已将思政元素融入教学视频、课后练习等环节中。因此，在教学过程中要充分利用这一"线上资源"，要求学生观看课程视频、线上章节测试和课终考核，这些均作为平时成绩的一部分。

2. 借助其他线上平台或拓展资料

为满足学生的便捷化学习需求，应为学生提供多元思政氛围强的平台，或者为学生提供与课程相关的拓展资料，利用碎片化时间开阔学生视野，提升思

政效果。

比如"学习强国"学习平台是一个可以随时随地利用的学习资源宝库，具有强大的学习功能和鲜明的政治导向，要充分用好这一资源库。"学习强国"APP设有法治中国板块，其中包括习近平法治思想研究、政法、以案释法、法治时评、法治人物等子频道，不乏有很多法治文章及普法短视频，对于学生法治思维的培养颇有助益。比如在讲刑事诉讼法的修改时，引用"学习强国"APP中人民日报《刑事诉讼法制定实施以来第三次重要修改都改了啥?》文章，在讲"认罪认罚从宽"原则时，播放短视频《莆检说法："认罪认罚从宽"了解一下》，丰富教学素材，加深对知识的理解与认识，有助于学生坚定"四个自信"，提升思想认同、政治认同。

（二）线下

《刑事诉讼法》课程教学过程中，要适应公安教育改革的需要和公安队伍建设的要求，不断拓展课程思政建设方法和途径，创新课堂教学模式，构建"教学练战"一体化教学模式，提高学生的专业技能与综合素质，提高课程思政内涵融入课堂教学的水平。

课堂教学必须与公安实战相适应，将理论知识与实战技能充分结合，采取观看警示片实战案例分析、模拟执法、观摩庭审等教学手段，激发学生学习热情，融入教学过程中，充分发挥其主体作用。尤其是模拟执法活动，可以模拟公安机关办理刑事案件的全过程，从受案、立案、侦查、侦查终结到移送审查起诉。不仅能够让学生直观体会刑事诉讼的具体程序及法律规定，在此过程中，还能增强学生程序意识、证据意识和人权保护意识，树立对法律的尊重和信仰。

参考文献：

[1] 刘玉江. 公安院校刑事诉讼法学"课程思政"要求及其实现[J]. 江苏警官学院学报, 2021, 36（1）：105-112.

[2] 阴永进. 公安院校刑事法律课程中的课程思政探索与实践[J]. 科教大汇, 2021,（5）：63-64.

[3] 张红梅. "政治强"是公安院校立德树人的第一要务[J]. 辽宁警察学院学报, 2020,（2）：21-27.

[4] 崔丽. "刑事诉讼法学"浸润式思政育人模式的探索[J]. 辽宁警察学院学报, 2021,（6）：114-117.

内蒙古警察职业学院虚拟仿真实验实训项目

将来我就成了你
——致敬公安英模　铸就忠诚警魂

项目实施机构：内蒙古警察职业学院政治理论教学部　"包苏红工作室"
项目负责人：包苏红　赵淑辉

《将来我就成了你——致敬公安英雄 铸就忠诚警魂》虚拟仿真实验实训项目以互联网为载体，运用虚拟现实技术，模拟公安干警在日常工作中需要面对和处理的各种突发事件，通过3D技术对场景和人物进行还原，模拟再现民警对事件的思考和处理过程。

建立虚拟仿真实验教学课程，能够让学生在开放、交互的虚拟环境中开展自主规划，体验创新实验，模拟公安干警在日常工作中需要面对和处理的各种突发事件，培养一批对党忠诚、服务人民、执法公正、纪律严明人民警察的储备力量。

通过定制虚拟仿真实验，面向社会积极推广内蒙古自治区人民警察英雄模范人物的光辉事迹，培养学生意识形态建设，通过实验扩大我校和高等教育的影响力。同时，以遵守我国教育、中外合作办学、互联网等相关法律法规为前提，积极引进一批反映学科发展前沿且具有先进教育理念和教育经验优质虚拟仿真实验。

《将来我就成了你——致敬公安英雄 铸就忠诚警魂》虚拟仿真实验实训项目，主要分为两个模块的学习内容：学习英模和学子力行。通过在线学习观摩和在线实践的方式体现公安干警在日常工作中的艰难困苦以及可能存在的各种危险情况，锻炼同学们的意志和胆识。内容如下图：

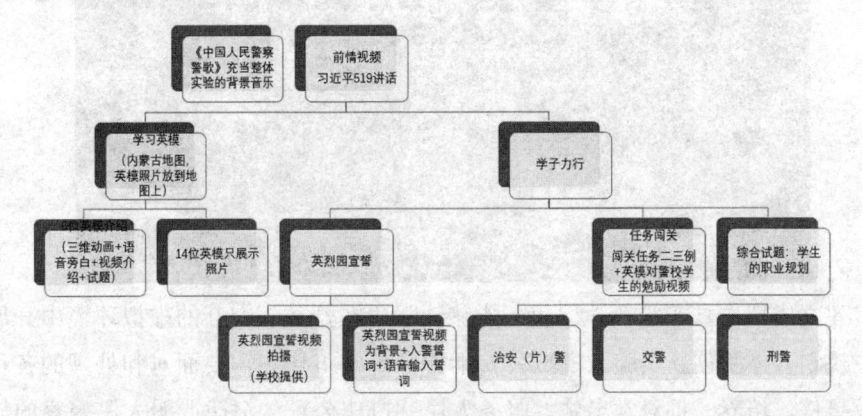

学习英模模块：以公安英模的视频介绍或图文介绍为基础，向学生们展现公安英模在不同的工作岗位上是如何开展工作，为人民服务的。模块中共包含6位公安英模的视频介绍和14位英模的图文介绍内容。

学子力行模块：通过进入公安岗位后的一系列实际的工作内容，结合故事情节进行展开。学生在实验中以民警的身份完成各个学习任务并在实验最后提交一份工作感言。

入警宣誓

英烈园宣誓及授衔仪式，学子力行的第一个小模块。在实验中学生需要朗读宣誓词录入到实验系统内，并将录音生成到实验报告内。

治安警—不怕累

在治安警学习模块中，学生需要在某小区的三维场景内完成调解纠纷、入户调查、安防宣传三个实验任务。

（1）调解纠纷，以广场舞扰民为事件起因，学生以民警的身份进行双方的调节处理工作。

（2）入户调查，治安警需要掌握辖区内的人口分布。通过入户调查收集并记录辖区内的人口信息来掌握辖区内的人口分布，保障辖区内的治安工作顺利进行。

（3）安防宣传，在小区门口的宣传栏前进行安防宣传工作、提高居民的防火、防盗、防诈骗意识。

在刑警学习模块中，以刑警下班后听到居民尖叫为引线，并结合自己的工作经验和警察意识进行判断。做到快速决策及快速反应，最终解救被劫持人质，保障居民的人身及财产安全。

交警—不辞劳苦

在交警学习模块中，以高速路上大堵车并有产妇即将生产为引线，结合自身情况和产妇生命安全作出快速判断，最终将产妇安全送到救护车。保障了产妇生命安全，但是由于承重奔跑造成自己腿部伤残。

发表感言

结合实验中的体验内容和自己的职业规划撰写一份感言书。

探索建立内部具备考核标准的在线学分认定机制，积极探索并推进在线开放课程的应用，确保教学应用质量。要将社会主义核心价值观、忠诚警魂的塑造融入课程建设，建立和实施在线课程建设、质量审查、课程运行保障和效果测评等制度，不断提高课程质量。

为教师提供一个基于互联网技术的虚拟仿真课程共享平台。教师可以通过平台开展信息化教学、创新教学方法、提升教学效果。学生通过学习平台，完成在线自主学习，课前预习等，打破大学校园时空限制，实现学生的弹性自主学习，学习空间得到极大扩展。

教师和学生通过该平台完成完整的虚拟仿真实验教学流程，平台功能主要包括：用户管理、资源设置、创建课程、课程学习、实验评价、统计分析等。

通过平台可完成在线视频学习、理论学习、实验安排、实验操作、实验报告填写与提交、实验批改、实验成绩管理、课程学习情况统计等，帮助所有课程实现校内线上运行管理，发现、培养和打造虚拟仿真一流课程。

平台系统架构具有开放性，可提供完整规范的开发接口，能够满足其他平台和跨平台快速对接的需求。

大数据时代的在线教育是依托互联网技术将网络服务与学习教育充分融合，打破传统学校教育的时空限制，利用客户端口提供丰富学习信息，促使学生主动参与、及时反馈、不断创新的教育模式。内蒙古警察职业学院2021年度虚拟仿真实践实训项目的研发是一次教学改革的深化，也是紧跟时代步伐，在"疫情时代""停课不停教、停课不停学"一种尝试，更是思政课在线教学应用带来新的课堂革命的探索。

以铸牢中华民族共同体意识为主线深化民族地区高校形势与政策课教学研究

魏丽红

摘　要：本文在简要阐述以铸牢中华民族共同体意识为主线深化民族地区高校形势与政策课教学的重要意义的基础之上，重点研究和探讨了以铸牢中华民族共同体意识为主线深化民族地区高校形势与政策课教学的主要方法和实施途径。提出要在深化教学理念、深化教学内容、深化教学形式上，守正笃实、与时俱进、勇于改革、善于创新，努力提高教师队伍素质，不断适应新形势新任务新要求，让中华民族共同体意识在民族地区高校根深叶茂，让民族地区高校形势与政策课成为全面促进民族团结和维护边疆稳固的重要阵地。

关键词：中华民族共同体意识；民族地区高校；形势与政策课

铸牢中华民族共同体意识，是习近平总书记关于新时代加强民族工作的重要论述，是马克思主义民族理论中国化的重大创新成果。[1]民族地区高校形势与政策课作为马克思主义理论宣传教育的载体之一，要责无旁贷承担起这一重要历史使命，下大力气全方位立体式地教育和引导民族地区高校大学生铸牢中华民族共同体意识，让中华民族共同体意识在民族地区高校根深叶茂，让民族地区高校形势与政策课成为全面促进民族团结和维护边疆稳固的重要阵地。

一、深刻认识并全面把握以铸牢中华民族共同体意识为主线进一步深化民族地区高校形势与政策课教学的重要意义

（一）以铸牢中华民族共同体意识为主线全面深化民族地区高校形势与政策课教学，是更好地适应国际国内形势发展变化的客观需要

当今，我们所赖以生存的世界正在经历着百年未有之大变局，我国发展所面临的内部条件和外部环境也正在发生着深刻且复杂的变化。世界上的单边主

义和保护主义势头有所上升，经济全球化发展趋势出现了逆流动向，一些不稳定和不确定的因素也有所增加，各种境内外敌对势力对我干扰、渗透和破坏力度加大，民族问题和边疆民族地区成为他们阻挠和遏制中国发展崛起的重点，在意识形态领域方面的与我斗争出现了更加复杂的局面。有资料显示，在对民族院校有关方面的调查统计过程中，发现几乎每一年都有敌对势力到学校挑拨蛊惑少数民族师生的案件发生。[2]面对如此复杂形势，民族地区高校大学生群体不可避免地会产生许多矛盾和困惑，亟须民族地区高校形势与政策课给予正确的教育和引导。民族地区高校形势与政策课必须要以铸牢中华民族共同体意识为主线，教育引导民族地区高校大学生始终把党和国家放在心中，始终把中华民族利益和国家利益放在最高利益，从民族复兴和国家发展的高度来更好地审视自己、把握自己，积极主动投身于新时代祖国建设伟大征途。

（二）以铸牢中华民族共同体意识为主线全面深化民族地区高校形势与政策课教学，是更加全面地促进民族团结和维护边疆稳固的必然要求

习近平总书记在党的十八大以来各种会议上多次强调指出"中华民族是一个命运共同体"，在十九大报告中更加明确地提出了"铸牢中华民族共同体意识"，并且将其正式地写入了最新修改的《中国共产党章程》的内容当中，成为全党共同意志和共同遵循。在党的十九届四中全会上提出了要全面系统地开展马克思主义祖国观、民族观、文化观和历史观的宣传教育等方面的工作，全面系统地打牢中华民族共同体的思想基础。[3]习近平总书记在2019年举行的全国民族团结进步表彰大会上特别强调指出，各族人民亲如一家是全面完成中华民族伟大复兴事业的最根本的保证，我们一定要始终坚持以铸牢中华民族共同体意识为主线，始终坚持抓紧抓好民族团结进步事业的全面健康发展。[4]民族地区高校形势与政策课一定要责无旁贷地承担起铸牢民族地区高校大学生中华民族共同体意识的重大且光荣的历史使命，积极主动地推动落实将这一党的最新理论创新成果能够在第一时间全方位立体式地进入到学校教材，进入到教学课堂，进入到学生头脑，从而使中华民族共同体意识在民族地区高校更加地根深叶茂，使民族地区高校形势与政策课真正地成为全面促进民族团结和维护边疆稳固的重要阵地。

（三）以铸牢中华民族共同体意识为主线深化民族地区高校形势与政策课教学，是大力提高民族地区高校大学生思想政治素质的基本要求

民族地区高校大学生正面临着思想观念走向成熟的关键时期，在思维和认知等方面比较敏感，同时也善于思考和发现问题；但他们的科学理性思辨能力不强，容易受到来自社会上各种负面思潮的侵蚀。比如说在宗教信仰、传统习

俗等交织叠加的地方，民族地区高校大学生的思想状况就会显得更加复杂。民族地区高校通过以铸牢中华民族共同体意识为主线进一步深化形势与政策课建设，能够使这一思政课程更加贴近社会现实生活和大学生思想实际；通过深入浅出地讲解新时代形势与政策，清晰明了地解析国际国内重大事件，更加全面系统地教育和引导民族地区高校大学生了解掌握和学习运用最新的马克思主义民族理论知识，更加全面系统地教育和引导民族地区高校大学生坚定不移地树立起牢固的中华民族共同体意识；通过全面系统地提升民族地区高校大学生的辨别是非曲直的能力和思想政治素质水平，进一步增强他们的民族凝聚力和创新力、民族自信心和自豪感。

二、努力改革和创新民族地区高校形势与政策课的教学实践，全方位适应铸牢中华民族共同体意识为主线的教学任务实际需要

加强民族地区高校形势与政策课的教学实践建设就必须要在深化教学理念、深化教学内容、深化教学形式上守正笃实，与时俱进，勇于改革，善于创新。

（一）深化教学理念

民族地区高校形势与政策课在新的时代背景下，要努力践行守望相助的教学理念，努力培养造就民族地区高校大学生具备平等、团结、互助、担当、奉献的意志品质和铸牢中华民族共同体意识的思想基础。要努力践行开放包容的教学理念，紧紧把握住当今世界与我国国情的脉搏，敢于直面国外敌对势力和"三股势力"针对我国民族问题的错误言论，敢于直面信息时代网络媒介上存在的各种负面社会思潮，敢于直面民族地区高校大学生关注的涉及民族宗教等因素的社会热点问题，从而在思想理念上进一步增强民族地区高校大学生对国家对民族的更加强烈和更加迫切的认同感。要努力践行以学生为本的教学理念，充分发挥和调动民族地区高校大学生的主人翁地位和主动作为精神，一切思想政治教育的初衷都要坚持从民族地区高校大学生的自身思想实际出发，密切关注、及时掌握、全面引导民族地区高校大学生的现实感受和认知需求，从而能够更好地完成进一步增强铸牢中华民族共同体意识为主线的民族地区高校形势与政策课的现场教学的感染力和吸引力的教学要求，从而能够达到进一步增强教育和引导民族地区高校大学生铸牢中华民族共同体意识的鲜活生命力和现实感召力的教学目标。

（二）深化教学内容

民族地区高校形势与政策课在教学内容深化方面，要更加注重把铸牢中华民族共同体意识教学实践与贯彻习近平总书记关于新时代加强民族工作重要论述进行有机地衔接和科学地融合，要更加注重把国内外形势发展的新动态新变化与我国改革开放以及现代化建设的新实践新创造进行有机地衔接和科学地融合，要更加注重高校所在地方的民族区域自治的特殊性，有计划有意识地将当地的民族历史文化、民族发展团结的经验做法科学有机地融入民族地区高校形势与政策课的教学体系当中，更加科学有效、认真细致地将铸牢中华民族共同体意识的相关理论知识向民族地区高校大学生讲清楚、讲深刻、讲透彻，教育和引导民族地区高校大学生奠定扎实可靠的理论基础，润物细无声地让民族地区高校大学生对国家对民族的认同深入思想、深入头脑、深入灵魂。要注重结合民族地区高校大学生的思想和认知特点，更加贴近他们的思想实际、更加贴近他们的学校生活、更加贴近他们学习学业，研究和解答他们思想和认知中存在的热点、疑点、难点等各种问题，真正让民族地区高校大学生对新时代的形势与政策理论做到真学真懂，真信真用。

（三）深化教学形式

民族地区高校形势与政策课教学实践中，要旗帜鲜明大张旗鼓地加强和改进铸牢中华民族共同体意识的主动式宣传教育和融入式宣传教育，充分运用课堂沙龙、混合式教学、互联网+等创新教学模式，让理论课堂活起来，形成良好教学实践氛围。要在教学实践过程中，组织带领民族地区高校大学生积极开展参观民族团结进步先进单位、民族团结创建示范区建设等教学观摩实践活动；组织当地民族团结进步先进个人到课堂教学一线，与大学生面对面沟通交流，进一步增强大学生对中华民族共同体意识的亲切感和认知度。要鼓励民族地区高校大学生充分利用寒暑假期社会学习实践活动，积极主动地深入到所在的民族地区开展现场调查和研究工作，了解掌握所在的民族地区存在哪些民族问题以及民生问题，通过参与创新项目和社会调查等社会实践让民族地区高校大学生受到更加鲜活生动的现实教育。

三、努力提高民族地区高校形势与政策课任职教师的能力素质和业务水平，扎实奠定为铸牢中华民族共同体意识资政育人的教学实践基础

习近平总书记在各种会议上多次强调指出，办好思政课的关键在于提高教师素质和加强教师队伍建设，关键在于充分发挥和全面调动教师和教师队伍的积极性、主动性和创造性。[5]民族地区高校形势与政策课一定要全面系统地加强任职教师队伍的管理与建设，全面提升任职教师自身能力素质和业务水平，真正担负起为资政育人的历史重任。

（一）加强理论修养

民族地区高校形势与政策课要更加注重培植和夯实任职教师深厚的马克思主义民族理论功底，使他们更加坚定和自觉坚持马克思主义民族理论的基本立场、基本观点、基本方法。这就要求我们必须坚持不懈地加强铸牢中华民族共同体意识这一马克思主义民族理论中国化重大创新成果的学习和实践，更加深刻地学习和领会习近平总书记关于铸牢中华民族共同体意识重要论述的思想精髓实质，更加扎实系统地学习和掌握马克思主义的民族理论与民族政策的基本原理和科学分析方法，更加扎实地系统地学习和掌握我们党和国家的有关民族和宗教方面的法律法规和方针政策。从而，更加奠定深厚的马克思主义民族理论底蕴和较高的理论修养水平，用理论的魅力和威力来塑造灵魂、凝聚思想、团结力量，更加有力地促进民族地区高校形势与政策课焕发出强大而鲜活的理论生命力。

（二）加强教学研究

要把教学研究作为提高民族地区高校形势与政策课教学质量的第一生产力，充分依托和全面利用所在民族地区的丰富人文历史等背景条件，认真扎实地开展以铸牢中华民族共同体意识为主线的种类丰富多彩的相关教学研究活动，及时关注国际国内的形势与政策变化，及时关注新时代民族团结教育的理论前沿和发展动态，及时关注新时代党和国家的民族理论和民族政策的最新研究成果。同时进一步加强教科研交流，探讨总结教学研究规律，参与编写课程和教材建设，不断探索科学高效的教学研究方法。要坚持唯物辩证法，一切从实际出发，积极参与社会实践，对各种民族文化思潮及引发的现实问题进行深入的研究，通过全面地、发展地、普遍联系地观察和分析问题，坚持不断地从教学实践中获得研究动力，汲取研究营养。要深入教学第一线，了解掌握学生的民族构成和语言文化特点，及时了解掌握学生的思想变化，及时研究和解决教学实践中出现的新情况、新问题，为以铸牢中华民族共同体意识为主线的高校形势与政策课教学研究提供最新实践依据。

（三）保障教学效果

民族地区高校形势与政策课要注重培养任职教师的亲和力、感染力和影响力，时刻关注民族地区高校大学生在校期间的所思所学、所想所干，充分利用各种丰富地教学方式和表达方法，用自己的人格魅力打动大学生，用自己的真诚行动去做大学生的好朋友，更好实现任课教师与大学生之间的情感互动，从而把铸牢民族地区高校大学生中华民族共同体意识更好地外化在言传身教中，更好地内化在教书育人里。要不断发掘丰富多样的教学方式，充分利用互联网、多媒体等网络信息技术，积极创新民族地区高校形势与政策课教学的模式和载体，在网络环境中延伸教学阵地，增加课程的趣味性和互动性，使得传统理论不再枯燥，充分调动民族地区高校大学生的学习积极性和主动性，使他们在轻松愉快的学习氛围中得到知识的积累、理论的熏陶和智慧的启迪，从而能够自发、自觉、自强地铸牢中华民族共同体意识。要积极营造新时代良好的教书育人的人文生态环境，有效调动全校教育行政管理资源，自上而下从根本上打造良好的教育环境，使民族地区高校形势与政策课任职教师更好地履行为党育人、为国育才、为民族铸魂、为未来赋能的时代使命与历史担当。

总之，民族地区高校形势与政策课在铸牢民族地区高校大学生中华民族共同体意识教学实践过程中发挥着不可替代的关键性作用。我们要始终坚持把爱国主义精神贯穿于深化改革创新民族地区高校形势与政策课建设的全过程，坚持不懈地在民族地区高校大学生的心灵深处播种下爱我中华的基因，努力使民族团结之花开遍民族地区高校的角角落落，从而为早日实现"中华民族一家亲、同心共筑中国梦"这一全体中华儿女所共同拥有的美好愿景作出新的更大的贡献。

参考文献：

[1] 郑大华. 铸牢中华民族共同体意识 [N]. 人民日报，2019-02-27 (09).

[2] 吴月刚，张红. 铸牢中华民族共同体意识背景下民族院校思政课程建设研究 [J]. 民族教育研究，2020 (4)：42-43.

[3] 中国共产党第十九届中央委员会第四次全体会议公报 [N]. 人民日报海外版，2019-10-31 (02).

[4] 习近平. 在全国民族团结进步表彰大会上的讲话 [EB/OL]. (2019-09-27) [2020-10-12]. 新华社，http：//www.xinhuanet.com/politics/leaders/2019-09/27/c_1125049000.ht.

[5] 习近平. 在学校思想政治理论课教师座谈会上的重要讲话 [EB/OL]. (2019-03-18) [2020-10-12]. 新华社，http：//www.xinhuanet.com/politics/leaders/2019-03/18/c_1124248228.htm.

公安高职院校思想政治理论课教学改革研究
——思政课实践教学模式初探

包苏红

摘　要：公安高职院校的性质与任务决定了公安高职院校思想政治理论教育肩负着培养和塑造忠诚警魂的重任。实践教学是高校思想政治理论课教学的重要环节，包括课堂实践教学、校内实践教学和校外实践教学。公安院校是以培养具有创新精神和实战能力、适应公安工作和经济社会发展需要的高素质技能型专门人才为己任，走特色育人之路。

关键词：公安院校；思政课实践教学；研究探索

当前思想政治理论教育教学在普通高校和公安院校中，普遍存在实效性较差、教学效果不理想的问题。公安高职院校的性质与任务决定了公安高职院校思想政治理论教育肩负着培养和塑造忠诚警魂的重任，所以，加强公安高职院校思想政治理论课教育教学效果，深化思想政治理论课教育教学改革研究非常必要。思政课教学团队选择从基层着手，分别走访了呼市新城区海东路派出所、赛罕区大学东路派出所和赛罕区巴彦派出所，通过实地走访，与基层民警深入交流和座谈，从基层对警力、警员素质的实际需要出发，总结基层民警对思想政治理论教学的意见和建议，分析当前公安高职院校思想政治理论教育存在的不足，形成相应的完善意见和思路。

实践教学是高校思想政治理论课教学的重要环节，包括课堂实践教学、校内实践教学和校外实践教学。课堂实践教学是指在课堂教学中以虚拟、互动、问题研讨、间接直观等方式进行教学，可活跃课堂氛围，调动学生学习的积极性。校内实践教学是指以校园文化为载体，通过一系列的文体活动、社团活动、精神文明建设活动及校纪校规等具有各高校特点的思想政治教育和人文素质教育教学形式，可丰富学生的业余生活，提高学生的生活质量。校外实践教学是指直接的实践体验式教学和活动式实践性教学,可直接培养和锻炼学生的实际操作能力、为人处事能力及解决问题的能力等。

一、公安院校政治理论课实践教学资源丰富

公安院校是以培养具有创新精神和实战能力、适应公安工作和经济社会发展需要的高素质技能型专门人才为己任,走特色育人之路。公安院校的特色之一就是随处可见的各种实训基地,无论是专业课还是公共课,其理论教学与实践教学平分秋色。所培养的人才,不仅要有扎实的理论知识,还要经得起实战的检验;不仅出了校门就能上岗,而且还能上好岗。因此,要强化公安院校大学生忠诚党和人民、立警为公、执法为民、廉洁从警及全心全意为人民服务的职业素质。思想政治理论课应根据公安院校的特点、专业性质、校园环境及各种人型实践活动,充分利用专业优势、社会资源优势和学生生源优势等,积极开辟校内外实践教学新模式,融政治理论课的教学内容和要求于各种校内活动、演练及校外安保、执勤等课内外活动之中,实现思想政治理论教学与实践教学的有机统一,培养合格过硬的公安专门人才。

公安院校政治理论课实践教学除了普通高校实践教学模式的共性以外,还有自己独特的实践教学优势,表现为教学资源相对丰富。

(一)实践教学经验丰富

公安院校的老师,既是教师又是警察,包括政治理论课教师在内的公共课或基础课教师,有些要到基层挂职锻炼。他们具有丰富的公安实战经验和警务经验,在教学过程中可以更好地贴近公安实践,实现理论与实践的有机结合。

(二)课堂实践教学资源丰富

公安院校政治理论课,在讲授过程当中,可以采取案例分析与讨论、看视频、答疑和辩论等方式进行课堂实践教学,学生的积极参与,可增加他们的直观感受,激发学习兴趣。

(三)校园实践活动丰富多样

包括站岗、执勤、出操、队列、着装及规范的教学礼仪等一系列公安院校所特有的教育内容和行为要求,其严格的纪律要求、丰富多样的锻炼模式和管理模式,既可以培养学生坚定的政治立场、强烈的责任意识、和谐的团队精神及吃苦耐劳精神,还可以让学生的身心健康得到锻炼。

(四)公安院校有机会组织学生参加校外各种大型安保活动、执勤活动及寒暑假到基层公安机关见习等校局互动活动，这些特殊活动的重要性和对学生的锻炼机会使其他普通高校不具可比性。

学生在校期间，直接参与社会重大活动的安全保卫工作，在高标准和严要求下接触各种复杂的人和事，在教师的指导下解决各种警务问题，是锻炼学生分析问题、判断情况和解决问题的大好机会，也是公安院校政治理论课实践教学的大好机会，但遗憾的是很多公安院校没有充分利用这些独特的政治教育教学资源，包括我院在内，教学过程中仍然出现理论教学与实践教学各自为战的状况。因此，改革教学方式，探索新的适合公安院校大学生成长成才所需要的实践教学新模式，有利于提高政治理论课教育教学的针对性和实效性。

二、公安院校政治理论课实践教学模式探索

政治理论课教学要"精"和"管用"，"精"即课堂教学要突出重点，有针对性；"管用"即理论联系实际，让学生学有所获、学有所用，能指导他们将来的公安实际工作。公安院校的特殊性，也决定了其政治理论课必须加强实践教学。这一模式主要以培养公安大学生"忠诚、为民、公正、廉洁"的人民警察核心价值观为目标；把握三个实践教学环节，即课内学生参与式教学、校园综合性实践教学、执勤、安保等校局互动实践教学；实现三个融合，即政治理论课教学与跟进国家重大事件相融合、与校园文化相融合、与公安工作实际相融合。

（一）公安院校政治理论课实践教学的培养目标

明确教学目标是公安院校政治理论课实践教学的关键，有了教学目标就有了教学进程中的方向和动力。任何专业教学目标的制定，都离不开学生毕业后所从事的实际工作。公安院校是培养人民警察的摇篮，而新时期人民警察的核心价值观就是"忠诚、为民、公正、廉洁"。"忠诚"就是忠于党、忠于祖国、忠于人民、忠于法律的责任感、使命感和正义感，是人民警察的政治本色，是对马克思主义信仰和中国特色社会主义理论体系的认同，必须坚持党的路线方针政策，做党的忠诚卫士。"为民"，是人民警察核心价值观的出发点和落脚点，就是始终把人民的利益放在首位，切实做到执法为民，时刻牢记全心全意为人民服务的宗旨。"公正"就是公正执法，维护社会公平正义，是人民警察在执法办案中必须遵守的原则，也是人民警察核心价值观的行为准则。"廉洁"就是清正廉明，无私奉献，是警察良好道德品质的体现，也是公安院校学生未来职业的必备素质。而公安院校思想政治理论课教学就是培养学生"忠诚、为民、公正、廉洁"核心价值观的主渠道和主阵地。因此,公安院校政治理论课实践教学以培养大学生"忠诚、为民、公正、廉洁"的核心价值观为目标,不仅是政治理论课教学的本质要求,也符合社会对公安院校人才培养的期待。

(二)实现政治理论教学与实践教学相融合

公安院校政治理论课实践教学新模式,要求将政治理论课教学内容和教学要求融入实践教学的方方面面。实现三个融合,即思想政治理论课教学与跟进国家重大事件相融合,与校园文化相融合,与公安工作实际相融合。

1. 课堂实践教学要跟进国内外重大事件

政治理论课的课堂实践教学,以视频、讨论、答疑、辩论、知识竞赛、案例分析、模拟法庭等方式进行,自然涉及当前国内外重大的热点、焦点和难点问题。如课堂上组织学习和讨论十九大报告,收看"五位一体"和"建设生态文明、绘就美丽中国"等有关专家解读的焦点访谈视频,及时跟进国家重大问题;课堂观看"小悦悦事件"视频,通过对无视生命、冷漠处世的谴责与批判,对好心人的肯定与赞赏,融道德、良知、互助、关爱等人文关怀入课堂实践教学,提升大学生的人文素养,教会他们做人做事的道理。

2. 校园实践教学要实现政治理论与校园文化相融合

校园实践教学就是政治理论课教学的第二课堂,要体现办学宗旨和培养目标,实现政治理论与校园文化相融合。主要是联合学院团委、学生处和教务处等部门,开展一系列校园文化活动和课外教学活动。将政治理论教育教学内容和要求融入校园文化建设,即将责任感融入校园执勤,将警察的快速、机警、整洁、规范等意识融入日常队列、着装及礼仪,将忠诚、为民、公正、廉洁、奉献等融入英模报告会、先进事迹演讲比赛及各种征文活动之中。以提高大学生思想政治素质,培养具有高度政治敏锐性、全心全意为人民服务的忠诚卫士作为首要任务。体现"政治建警"的办学宗旨和"忠诚、为民、公正、廉洁"的人民警察核心价值观目标。

3. 校外实践教学重在理论的指导和检验

首先,校外实践教学就是引导学生走出校园,深入社会,运用所学的中国特色社会主义理论去指导实践。在接触和参与公安实际工作中接受教育,加深对基本理论的理解,就是将理论融入公安实战,达到知、信、行的统一。

其次,实践是检验真理的唯一标准,组织学生参与校局互动,无论是参加大型的安保工作,还是一般的警务执勤,都是对专业理论和思想政治理论进行的实践检验。从思想政治理论的角度，就是我们教师平时在课堂上所阐释的理论，包括路线、方针、政策、道德规范、法律常识及一系列做人、做事的道理等。能否在学生的公安实践中得到验证，能否指导他们的行为，帮助他们在公安实践中很好地完成任务；是否有助于他们分析问题、判断问题及解决问题等。最后，实践证明，公安院校的学生在实习或大型的安保活动中，既守纪律，又开动脑筋，不少学生参与处置了一些难案、要案，赢得了当地公安部门的充分肯定。以我院2013级、2014级学生为例，在中国民族运动会中，学院组织学生参与出警，助力鄂尔多斯安保力量圆满地完成各项任务，为建设平安内蒙古和稳定民族模范区发挥了重要作用，做出了积极的贡献，得到了上级的肯定和表彰。

实践教学新模式是在长期的教学实践中总结出来的，是公安院校政治理论课教师的智慧结晶。无论是课堂实践教学，还是校园、校外实践教学，都还存在这样或那样的问题，如课堂实践教学的音像资料、网络和多媒体教学设备等问题、校园环境和活动的组织问题、校外实践活动的经费、后勤保障、安全教育、评价体系及教师的实践教学指导能力等问题，使我们要不断调整、更新与完善实践教学的模式，使之更好地适应经济社会发展和预备警官成长的需要。

参考文献

[1] 田建国. 高校如何教育和管理改革开放成长中的新一代［G］. 高校教育管理，2009（1）：01-05.

[2] 高校教材委会编. 思想政治理论课综合实践教程（高职高专版）［M］. 天津：南开大学出版社，2017：65-82.

[3] 王文华，胡宇慧. 内蒙古高校思想政治理论课与马克思主义理论学科建设发展研究报告（2019—2020学年）［M］. 呼和浩特：内蒙古大学出版社，2022：165-177.

公安院校逻辑学教学的目标和方法

唐亚君

摘　要：逻辑学是一门工具性质的科学，它讲述的是传统逻辑知识。传统逻辑知识比较抽象，给学习和应用都带来了困难。要很好发挥逻辑学的工具作用，必须进行课程改革，确立新形势下公安院校逻辑学教学的目标和方法，以培养应用型的高级公安工作人员。

关键词：知识；能力；态度；方法

为了培养适应现代社会发展要求的高素质的人民警察，公安院校的教师必须从实际出发，确立新时期的逻辑学教学的目标和方法，通过采用先进的、符合公安实际的教学方法，增强语言表达的逻辑力量；提高学生的逻辑思维能力、综合应用能力和创新能力；培养学生的情感态度、科学态度、价值态度等；实现新时期公安院校逻辑学教学的目标，以培养应用型的高级司法工作人员。

一、教学目标

公安院校逻辑学教学的总目标是培养具有逻辑思维能力、语言表达能力和综合应用能力的适应现代社会发展要求的高素质的人民警察。实现这一总目标的三大支点是——知识、能力、态度。

（一）知识

1. 基本知识

掌握逻辑学的基本知识（概念、命题、推理的逻辑形式）和基本技能（运用逻辑知识分析实际问题的能力），掌握逻辑学的基本规律（同一律、矛盾律、排种律）和规则，掌握假说和论证的方法、探求因果联系的方法以及定义和划分、限制和概括等逻辑方法。通过基本知识的学习，对学生进行逻辑思维训练，增强语言表达的逻辑性，提高逻辑思维的敏锐性，以求达到概念明确、判断恰当、推理符合规则。

2. 相关知识

逻辑学的研究对象是概念、命题、推理的逻辑形式和规律以及明确概念、进行判断和推理的逻辑方法。它属于具有基础性和工具性的科学，是各门科学和哲学共同预设的基础知识，它为各门科学和哲学提供共同使用的推理和论证工具。因此，在讲授逻辑知识时，必须要以学生拥有的知识背景为前提。这种知识背景包括学生的基础文化、法律知识、专业理论、政治知识、社会生活常识等。逻辑学教学应该把逻辑知识与学生已有的相关学科知识结合起来，改革传统逻辑的纯粹形式化，倡导非形式化的逻辑学，比较多的使用自然语言和人们的日常思维，比较多的结合各种知识讲解，使逻辑贴近日常思维，贴近各门知识，使学生真正感觉到逻辑有用，发挥逻辑学的工具作用。

（二）能力

1. 培养学生的语言能力

在生活实际和工作实际中，时刻需要用语言来表达思维。公安院校学生的语言能力主要表现在公文写作和法庭辩论中。通过学习逻辑形式、逻辑规律和各种逻辑方法，可以提高学生的表达能力和写作能力，使学生在将来的公安工作和法律工作中，无论是陈述事实、法庭辩论还是公文写作，都要做到概念明确、判断恰当，论证有力，推理合乎逻辑。

2. 培养学生的假设能力

所谓假设能力是指根据科学理论，从已有事实材料出发对未经证实的某些事物现象做出猜测性的解释。作为预备警官，要学会依据理论原理和已知案情建立侦查假设，从而进一步解释已知、预测未知，指导新的侦查并在新的侦查中检验假设，最终实现侦查目的。这种侦查假设的能力是逻辑学培养学生创造性思维能力的具体体现。

3. 培养学生的论证能力

在将来的公安工作和法律工作中，论证是司法工作人员经常运用的逻辑方法。演绎推理、科学归纳推理部分，可以锻炼学生的证明能力和反驳能力。如，运用二难推理，既可以使己方立于不败之地，又可以使对处于尴尬境地。

4. 培养学生的创造性思维能力

在逻辑学教学中，如果只是将书本上的逻辑符号和规则传授给学生，学生只是机械地将老师教授的内容记忆一下，那么这种教育就变成了复印机。作为逻辑教师，要担负起培养学生独立思考的能力，打破思维定式，帮助学生解放思想，通过对各种具体案件的分析和研究，发现新问题，提出新见解。如，侦查假设形成的过程，既没有唯一的逻辑"通道"，也没有普适性机械程序，从观察现象到案件发生情况的猜测性解释，是非常富有创造性的。

5. 培养学生的发散思维能力

通过创设宽松的教学气氛，调动学生的学习主动性。逻辑教学要激发学生开动脑筋，积极思维；鼓励学生大胆思索，勇于发散；提高学生从多个角度、用不同的逻辑知识解决新问题的能力。如，作案过程的溯因推测法、类比推测法和归纳推测法，尽管其结论不是绝对可靠的，但有助于培养学生的发散思维能力，这种思维能力在侦查实践中有着十分重要的价值。

6. 培养学生具体问题具体分析的能力

公安院校的逻辑课应该在系统讲授逻辑知识的基础上，引用实际材料说明形式逻辑一般原理在公安工作中的具体应用，总结公安工作中在应用形式逻辑时有哪些特点。如，一般讲充分条件假言推理是把前提肯定后件、结论肯定前件当成错误式。而在办案中，这种形式却是常用的。尽管它只能得出或然性的结论，但对于确定侦察方向，提出侦察假设却是必要的。通过研究应用形式逻辑原理时表现出来的特殊性，培养学生具体问题具体分析的能力，这是公安院校逻辑学教学的重点和难点。

7. 培养学生综合应用逻辑知识的能力

逻辑学是一门工具性科学，学以致用是其重要的教学目标。在实际应用中，单独应用某项逻辑知识或某个逻辑方法的情况是很少的，实际应用通常都是多项逻辑知识或多种逻辑方法的综合应用。这就要求勤思考、多练习，加深对于各种逻辑知识和逻辑方法的理解，巩固对于它们的记忆，努力更多了解各种逻辑知识和逻辑方法之间的相互联系，通过多练习、勤总结，积累和总结综合应用的经验，把握综合应用的规律，提高综合应用的技能和技巧。综合应用都具有一定的复杂性，但是再复杂的综合应用都有其规律可循。只有那些有相互联系的逻辑知识或方法，才可能综合应用。因此，一定要掌握各种逻辑知识的内在联系。

（三）态度

1. 情感态度

传统逻辑教学忽视了学生的情感态度，把生动复杂的教学活动固定在狭窄的认知主义框框之中。建立了合理的、有逻辑性的教学过程，但它给积极情感的粮食很少，因而引起了学生的苦恼、恐惧和别的消极感受，阻止他们全力以赴地去学习。在新的课程理念背景下，教学中的情感因素和过程被提高到一个新的层面，教师要充分尊重学生，使学生喜欢教师，建立良好的师生关系。要使学生喜欢教师，教师必须喜欢学生。"喜欢产生喜欢"，只有老师喜欢学生，学生才能喜欢老师；只有学生喜欢老师，才能信任老师，才能对老师讲的课程充满兴趣，从而提高教学效果。

2. 科学态度

态度不仅指情感态度、学习态度、更是指求实的科学态度。逻辑教学中概念内涵和外延的界定、命题的真假关系、推理的过程和论证等，都要注重培养学生求实、严谨的科学态度，使学生在将来的公安工作中敏锐而科学的揭露出种种逻辑错误，以达到查清事实真相。

3. 价值态度

逻辑学教学中的论证和反驳是认识真理的重要手段。它可以提高公安工作者和法律工作者的说理论证能力。但在论辩和辩论的过程中，免不了要与错误的言论打交道，这种错误无非是内容错误和逻辑错误两种。这两种错误有区别但又有密切联系。在许多情况下，通过揭露逻辑错误，可以比较容易地看出内容错误，从而使学生从内心确立起对真、善、美的价值追求。我们在讲逻辑形式时必须有意识地把正确的价值观渗透到逻辑学教学过程中，使其成为逻辑课程教学内容的血肉。

4. 公关态度

现代教学理念认为，一个人今天在校的学习方式，要与他明天的社会存在方式保持内在的一致；而合作学习正是这种一致性的切入点之一。在逻辑学教学中，注重学生的共同参与，结合公安实际，让学生在课堂上更多地运用逻辑知识进行辩论、交流。通过辩论达到意见的沟通，使别人同意自己的主张，这是学生互相帮助互相合作的反动力。充分发挥学生之间互相影响、互相启发的教育作用，使学生在主动参与中学会竞争、学会合作。在合作中学习，在竞争中发展，这对培养学生的公关意识是极其重要的。

5. 政治态度

根据公安院校的特点，我们在系统阐述逻辑知识的基础上，还要进一步探索和总结在司法领域中应用形式逻辑的具体特点，确保坚定的政治方向。如，以命题这种思维形式为例，命题的真假取决于命题的内容与实际情况是否相符，而表述法律规范的命题，由于所体现的是统治阶级的意志，所规定的是人们必须遵守的行为准则。因此，只存在如何规定及规定得恰当与否的问题，而不存在真假的问题。可见，逻辑学虽然是为全人类服务的工具性学科，但由于我们培养的是无产阶级的国家机器，因此，我们在研究、讲述、运用逻辑时，一定要站在无产阶级的立场上，与党的路线、方针、政策保持一致。

二、教学方法

逻辑学是一门高度抽象的、纯理性的科学。要实现其教学目标，必须把这种高度抽象的理性认识与感性认识结合起来。采用多媒体案例教学方法，是实现这种结合的有效途径。

（一）多媒体教学

多媒体教学可以使学生以视听交互的方式进行学习，使学生的个性和潜能得以充分发挥。在逻辑学教学中运用多媒体可以起到如下作用：

1. 激发学生的学习兴趣

通过制作课件、图片、动画、甚至小电影，利用音频、视频设备向学生授课，可以激活课堂气氛，避免学生视觉上的疲劳。例如，结合公安案例讲授推理形式，传统逻辑教学只是单纯从文字上分析案例，比较枯燥。而多媒体教学可以利用课件、动画和声音解说等各种手段清晰显示案例，为学生创建一个形象逼真、色彩鲜艳、动静结合的教学情景，可以极大地促进和改善学生的理解能力，吸引他们的注意力。

2. 增加教学密度

借助多媒体教学可以进行高密度知识传授。逻辑学教学的一个特点是，在教学中要运用一些图形和表格，有大量的逻辑符号和公式。此外，逻辑教学需要插入一些资料，需要列举大量的符合公安实际和法律实际的具体的概念、命题和推理。所有这些，原来需要写在黑板上再去讲解。而用多媒体只需点击一下鼠标即可完成，大大节约了教学时间，增加了教学密度。

（二）案例教学

1. 案例教学的作用

逻辑学案例教学是指引用典型的实践案例，师生双方通过对典型案例的分析、探讨，解释案例中的推理形式。在逻辑学教学中，运用案例教学法有以下作用：

第一，激发学生主动学习。单纯讲述思维逻辑形式，学生会感到晦涩难懂。

通过具体生动的案例，运用现代化教学手段和教师生动的言语表达，能把学生引入到生动、形象的实践情境中。在老师引导下，师生共同分析、讨论具体案例，改变枯燥乏味的灌输式讲授，使学生由被动接受知识变为主动探索知识，让学生真正成为学习的主人。

第二，促动学生积极参与。围绕逻辑理论讲解公安和法律案例，激发学生动口、动脑，积极分析和研究，能有效培养学生的语言表达能力、逻辑思维能力和科学探索精神。

2. 案例教学法应把握的基本环节

第一，选择与教学目标相符的典型案例。要把逻辑学理论贯穿于案例之中，所选案例情节精练，篇幅不宜过长，应选择学生比较熟悉或比较关心的公安或法律案例。要选择与教学内容和教学目的相关的正反两方面的典型案例，以激发学生思考和分析，提高实践能力。

第二，选择适合我院特点的具体方式。公安院校的案例教学法主要应选择辩论式和扮演角色式。辩论式是运用逻辑知识，在学生与学生之间辩论或学生与老师之间展开辩论，这种方式比较适合法律案例；扮演角色式是让学生扮演案例中的不同角色，这种方式比较适合刑侦案例。如一起凶杀案，可以让学生分别扮演受害者、犯罪人和公安人员。公安人员根据犯罪现场和受害人身上的特征，运用所学逻辑知识和相关知识分析案件的性质、推测犯罪人与受害者的关系等。

第三，通过对实践案例的分析，归纳、检验逻辑理论。实现这一环节，应采取以下两种方式：首先要建立模拟课堂。通过模拟现场、模拟法庭等，归纳、总结逻辑知识。其次要进行实践教学。组织学生到基层公安机关实习，跟随公安人员亲临现场，在现场勘查中，运用逻辑知识分析具体案件，找到解决实际问题的有效途径，总结归纳出逻辑学的有效推理形式、无效推理形式等，确证或否定某些侦查假说。引导学生分析案例中正确应用理论的成功所在或没有正确应用理论的失败之处。这既可以使学生对抽象的逻辑学理论理解得更加透彻，又可以增强学生的应用能力。

关于高校思想政治理论课程创新教学的思考

高 鹏

摘 要：高校思想政治理论课承担着对大学生进行系统的马克思主义理论教育的教学任务，是对大学生进行思想政治教育的主渠道和主阵地。然而，如何创新大学生思想政治理论课的教学模式，加强实践教学环节，提升课程的实际教学效果，却是课程目前发展面临的一道难题。创新是高校思想政治理论课程改革的必然选择，也是推进课程发展的出路。

关键词：课程发展；高校；思想政治教育课；创新实践

创新是课程建设与发展的根本动力。其中，创新是手段，发展是目的。高校思想政治理论课的创新是课程自身发展的需要，也是新时期培养创新型人才和社会主义现代化建设的需要。

一、高校思想政治理论课程发展的依据

（一）理论依据

2010年颁布的《国家中长期教育改革和发展规划纲要（2010-2020年）》中明确提出，今后十年的教育工作方针是：优先发展、育人为本、改革创新、促进公平、提高质量。其中，全面实施素质教育是教育改革发展的战略主题，所以要坚持德育为先。在关于高等教育的发展任务中指出："高等教育要牢固确立人才培养在高校工作中的中心地位，着力培养信念执着、品德优良、知识丰富、本领过硬的高素质专门人才和拔尖创新人才。"这些最新的要求，重点突出，内涵深刻，丰富与发展大学生思想政治教育目标，也对高校思想政治理论课程建设发展有着重要的现实性、针对性的指导意义。

2019年3月18日，习近平总书记主持召开学校思想政治理论课教师座谈会

并发表重要讲话,强调思想政治理论课是落实立德树人根本任务的关键课程。思政课作用不可替代,思政课教师队伍责任重大。办好思想政治理论课关键在教师,关键在发挥教师的积极性、主动性、创造性。思政课教师,要给学生心灵播种真善美的种子,引导学生扣好人生第一粒扣子。

(二) 实践依据

高校思想政治理论课教育教学中的创新是由高校思想政治理论课程的基本特性和内容本身所决定的。马克思主义具有与时俱进的理论品质,高校马克思主义思想政治理论课自然也需要不断地充实内容和更新形式,以增强吸引力和生命力。然而,高校思想政治理论课教学普遍存在着片面注重传授教材理论和灌输课堂知识的倾向,教学内容脱离学生和社会实际,教学方法呆板,教学环节单一,课堂缺乏活力,很难调动学生学习的主动性和积极性,教学效果不够理想。具体体现在:(1) 教学观念上,忽视主体性。过分强调灌输的作用,忽视了被教育者的主体地位,使思想政治教育流于形式。(2) 教学内容上,缺乏针对性。教育内容与现实的巨大反差,导致思想政治理论课教学成效甚微。(3) 教学方法上,缺少实践,影响了思想政治理论课教学实效性的发挥。所以,创新是课程发展的需要,也是育人和储备未来人力资源和祖国现代化建设的需要。

二、高校思想政治理论课程发展的总体思路

创新是一种理念,创新是一种思路,创新也是一种行动。高校思想政治理论课的创新应该基于以下思路展开:

(一) 以学生为主体,创新思想政治理论课的教学模式

教育是人的教育。高校思想政治理论课的教育对象是学生,学生就是教育的主体、教学的中心。这不仅是一个教育理念的问题,更是一个教学行动的问题,自然也是一个教学效果的问题。观念是行动的先导,教学实践的改进和提高必须以教育观念的转变为前提。只有教学理念转变了,才有可能形成新的教学模式。传统的"灌注式"教学法,不仅造成教育资源的极大浪费,也造成了教育效能的不理想。要改变这种状况,教师的教学观念要由"教师本位"向"学生主体"方面转化,坚持以学生发展为中心,突出学生的主体地位,发挥教师的主导作用。

(二) 以学科建设为龙头,提高思想政治理论课教师的水平

高校思想政治理论课的学科归属问题一直是制约课程发展的因素之一。事

实上，学科是以掌握该学科领域高深知识的教师的存在而存在的，从学术性和组织性角度来看，应该将高校思想政治理论课纳入学科建设的对象范围。否则，该学科必将长久地处于边缘地位，势必不利于人才培养目标的实现。高校思想政治理论课可以是一个独立的学科，隶属于思想政治教育的范畴。高水平的学科建设是以高水平的教师队伍为前提的，高校思想政治理论课的首要任务是面向全校广大学生进行教学，教师队伍的整体水平和平均水平都是教学质量的保证。因此，教师队伍建设不只是注重培养学科带头人和学术骨干，而是关注每一名教师的发展，特别要为年轻教师的快速成长提供有利的条件。

（三）以实践教学为支撑，保证思想政治理论课的教学效果

实践教学就是使学生深入生活、走向社会，通过亲身实践，加强理论联系实际，提高发现问题、分析问题、解决问题的能力。加强实践教学可以使教学内容贴近社会、贴近生活、贴近大学生思想实际，也可以使大学生关注社会问题、直接参与社会变革，有助于学生内化思想政治理论，树立崇高的理想，坚定为中国社会主义建设事业奋斗的决心。实践教学是切实贯彻理论联系实际的教育教学原则的一个重要过程，也是思想政治理论课教育教学的根本宗旨。因此，要加强实践教学，制订科学的实践教学计划，针对学生普遍关注的社会问题，如城乡问题、三农问题、环境保护、和谐社会建设等社会热点、焦点问题，安排教学实践计划，并积极引导学生认真思考分析，提出解决问题的具体方法与途径。

（四）以科学考评为手段，完善思想政治理论课的课程评价标准

思想政治理论课教学模式的改革要求建立与之相适应的新的评价系统。在过去所使用的评价方式中，评价指标唯一，以考试分数为标准，忽视了学生的思想态度和综合运用知识的能力；评价功能单一，注重结果，忽视过程，忽视了学生的全面发展；评价方法有局限性，注重课堂教学，忽视对学生综合素质的考查，这种评价方式已严重制约了思想政治理论课的课程发展。为了使思想政治理论课评价教学沿着规范化、公平化、科学化的道路发展，课程评价过程中应坚持：（1）知识评价与思想评价相统一；（2）现实评价与长远评价的统一；（3）内在评价与外在评价的统一；（4）政治性评价与专业性评价的统一。

三、高校思想政治理论课课程发展的具体举措

（一）创新课堂教学模式，发挥学生的主体作用

思想政治理论课作为思想政治教育的主渠道和主阵地，要求教学双方在课堂教学中形成一种和谐的师生互动、生生互动、师生与环境互动的学习机制，只有这样，才有可能启发学生的创造性思维，培养学生的综合能力，塑造学生的良好个性，达到思想政治理论课的良好收效。这不仅是一个教学理念的问题，也是一个教学方法的问题。在课堂教学过程中，教师要尊重学生的主体地位，发挥学生的主体作用，不断创新教学内容、教学方法和教学手段，通过互动式、辩论式、案例式等教学方法调动学生学习的积极性和主动性，让学生真正成为课堂的主人。教学是一门艺术，教师在课堂教学过程中对教材的理解和运用能力、语言组织和表达能力、管理和调控教学活动、反思创新的能力、运用新技术的能力都直接关系到教学效果的好坏。所以，教师要明确自己在课堂教学中的定位，把自己放在组织者、指导者、解惑者的地位对学生进行讲授和指导。讲，是教师课堂教学的一部分，要精讲、启发地讲、创造地讲；导，也是教师课堂教学的一部分，要在学生迫切需要指导或学生不解、费解、难解的关键时刻，犹如画龙点睛。这实质是对教师提出了更高的要求，教师只有不断提升自己的政治素质、师德素质、文化素质、科研素质、能力素质等，才能承担起育人的艰巨任务。

（二）加强师资培养，注重教师创新能力发展

教育创新的首要前提是教师必须具备创新意识和创新能力。创新意识要求思想政治理论课教师不满足于掌握现成的知识和已有的经验，使自己具有广阔的视野和勇于创新的勇气；创新能力要求思想政治理论课教师不仅要通过各种途径进行创新性学习，而且要在具体的教育实践中进行创造性的教育和管理活动。任何课程教学的创新都是以一批具有创新能力的教师为条件的。因此，加强师资培养，注重教师创新能力发展是高校思想政治理论课面临的一项重要工作。这就要求高校根据其实际，制订出切实可行的教师培养计划，可以通过课程轮训、实践培训、学术培训等一系列的教师培训活动，提高教师的理论水平和教学创新能力。尤其是对青年教师，更要创造条件地让他们参加岗前培训、课程培训，使他们深入、系统、准确地掌握马列主义、毛泽东思想、邓小平理论、"三个代表"重要思想、科学发展观和习近平新时代中国特色社会主义思

想，为创造性地做好教学工作奠定坚实的理论基础。除此，要培养一批具有创新能力的学科带头人、学术带头人和中青年学术骨干，作为师资队伍建设的一项长期任务常抓不懈，充分发挥这些教师在教学创新研究中的重要作用。

（三）多渠道加强实践教学，提高学生的创新能力

实践教学是课堂理论教学以外的、借助其他教学手段和方法或由学生自主参与的一切教学形式，可以分为体验型、践履型、研究型三种主要形式。体验型实践教学就是让学生深入到企业、工厂、社区，采访一个人物，走访一个家庭；或者到具有革命历史意义的纪念馆、博物馆等地方进行实地考察，使自己熟悉一段历史，感悟一种情怀，明白一个道理。践履型实践教学就是让学生参加相关的知识竞赛、知识宣传、环境保护、公共卫生等活动，通过这些活动，教育自己，教育市民，锻炼自己，帮助他人，影响社会。参加以上两种活动的学生事后都必须写出4000～5000字的感受或总结材料。研究型实践教学，就是学生通过对马克思主义基础理论知识较为系统的学习后，能联系中国现代化建设进程中一些较为重大的理论和现实问题，结合自己的思想实际，以当前的社会热点、难点、疑点问题为研究对象，在教师的指导下进行研究，形成自己的观点，写出一篇5000左右的课程论文。高质量的实践教学是学生接受思想政治理论教育的重要保证。实践教学的方式可以是多样化的，实践教学的展开是以提高学生的创新能力为目的的。

（四）完善课程评价制度，加强科学评价管理

思想政治理论课的评价制度是课程创新实践的另一个重要环节。思想政治理论课程不同于一般专业课程，它的特殊性质要求该课程在考试内容、形式、管理上应该更具开放性，主要体现在以下几个方面：（1）内容上注重能力考核。即注重考查学生运用所学知识进行分析问题、解决问题的能力，可以通过演讲、讨论、辩论等形式就社会热点、焦点问题展开探讨。（2）形式上注重学习过程的考查，将学生的学习态度、教学参与情况、操行表现、社会实践情况等纳入考评体系。学生的成绩由平时成绩和考试成绩组成。平时成绩包括学生出勤、课堂发言、社会实践、撰写调查报告等方面的综合成绩，占总成绩的60%；考试成绩采取开、闭卷相结合，占总成绩的40%，总成绩以百分制计算。（3）管理上兼顾过程和结果考核。既注重考核日常行为表现，又设期中、期末考试；既有任课教师考核，也有班辅导员的评价，或者采用同学互评和学生自评的办法，使考核既有成长过程评价，也有教学终结评价。

任何课程的发展都首先是基于一定理念之上的课程改革。课程改革是课程

发展的前提，其中创新是根本动力。高校思想政治理论课程发展是一个庞大的系统工程，涉及课程改革的诸多方面，包括教师资源、理论和实践教学资源、课程考评体系等。只有优化整合这些课程资源，创新课堂教学模式，提高师资水平，加强实践教学，完善课程考评体系，才可能实现课程的全面发展，从而最终提高高校思想政治理论课的实际效果。从这个角度讲，创新是高校思想政治理论课程发展的根本环节，也是关键环节。

基层民警对思想政治理论教学的意见和建议
——公安院校思政课教学改革研究

包苏红　巩利萍

摘　要：公安高职院校的性质与任务决定了公安高职院校思想政治理论教育肩负着培养和塑造忠诚警魂的重任，加强公安高职院校思想政治理论课教育教学效果，深化思想政治理论课教育教学改革研究非常必要。调研从基层着手，提出相应的完善意见和思路。

关键词：公安院校；思政课教学；调查研究

当前思想政治理论教育教学在普通高校和公安院校中，普遍存在实效性较差、教学效果不理想的问题。公安高职院校的性质与任务决定了公安高职院校思想政治理论教育肩负着培养和塑造忠诚警魂的重任，所以，加强公安高职院校思想政治理论课教育教学效果，深化思想政治理论课教育教学改革研究非常必要。因此，我们调研选择从基层着手，分别走访了呼市新城区海东路派出所、赛罕区大学东路派出所和赛罕区巴彦派出所，通过实地走访，与基层民警深入交流和座谈，我们从基层对警力、警员素质的实际需要出发，总结基层民警对思想政治理论教学的意见和建议，结合多年从事思想政治教育教学的经验，分析当前公安高职院校思想政治理论教育教学存在的不足，提出相应的完善意见和思路，并形成以下调研报告。

一、影响思想政治理论课教育教学效果的主要问题之一是学习兴趣，因此我们要在如何激发学生学习兴趣上下功夫。

现代心理学之父皮亚杰指出："所有智力方面的工作都要依赖于兴趣"。兴趣是最好的老师，是学习知识的动力，学生一旦对思想政治理论课产生兴趣，就会产生强烈的学习欲望。反之，学生学习的积极性就会下降，从而影响课堂教学的实效。要想激发学生的学习兴趣，最主要的是满足学生内在生长的需要。因此，我们必须把思想政治理论课的教育目标和学生的内在需要结合起来，教学过程中充分考虑公安高职学生自身的内在需求，找准教育目标与思想道德现状的结合点，使教学内容融入学生的现实生活，促使学生把教育要求转变为自己强烈的学习需要。

其一，我们要满足学生探索社会问题的需要。公安高职学生的思想活跃，他们十分关注社会流行文化和社会热点问题，对社会热点、难点问题有疑问，有积极探索的欲望。而且，他们进入了思维逻辑快速的发展时期，对知识的逻辑性和条理性以及理论的现实说服力比较感兴趣，他们对理论都想问为什么，而且往往一追到底，这是他们理性思维的需要。在思想政治理论课教学时，教师必须紧密联系社会现实，联系学生实际，对于社会中存在的热点，难点现象和问题做出科学、透彻的分析和解答，满足学生求知与探索的需要，满足学生理性思维和成长的需要。因此，思想政治理论课教学过程中，在分析问题时只有注意内容体系的完整性、逻辑的严密性，给学生以震撼心灵的逻辑力量，才能满足学生成长的需要。

其二，灵活运用语言。思想政治理论课堂上教师语言的高低起伏，幽默风趣可以激发高职学生的学习兴趣。众所周知，思想政治理论本身比较抽象、枯燥，用生动、形象的语言来表述才有可能引起学生的兴趣、引发学生的思考和共鸣，从而帮助他们正确理解事物的本质。因此，教师应尽量用形象生动、妙趣横生的语言创设活跃、愉快的课堂气氛，吸引学生注意力，也可借助深入浅出、通俗易懂的教学语言，使抽象的概念具体化、深奥的道理通俗化、枯燥的内容生动化。或者，根据实际需要适当引用一些至理名言，化难为易，使学生兴趣盎然，乐学勤学，从而达到寓教于乐的效果。另外还可以运用幽默吸引学生兴趣，把生活和教材中的内容轻松自然的联系起来，给人以温和友善之感，引起学生情感上的共鸣，让学生在笑声中领悟。

当然，激发学生学习思想政治理论课兴趣的方法多种多样，教师只有在了解学生特点，熟悉教材内容，灵活运用教学方法，掌握教学技巧等情况下，结合自身性格、能力、风格等特点。才能做到游刃有余，提高学生学习兴趣，从而增强思想政治理论课的教学实效性。

二、提高思想政治理论教育教学效果的一个重要法宝是实践教学，我们要尽可能地将思想政治理论课教学内容和要求融于各种实践教学之中，做到"教学做"一体化。

实践教学是高校思想政治理论课教学的重要环节，包括课堂实践教学、校内实践教学和校外实践教学。课堂实践教学是指在课堂教学中以虚拟、互动、问题研讨、间接直观等方式进行教学，可活跃课堂氛围，调动学生学习的积极性。校内实践教学是指以校园文化为载体，通过一系列的文体活动、社团活动、精神文明建设活动及校纪校规等具有高校各自特点的思想政治教育和人文素质教育教学形式，可丰富学生的业余生活，提高大学生的生活质量。校外实践教学是指直接的实践体验式教学和活动式实践性教学，可直接培养和锻炼学生的实际操作能力、为人处事能力及解决问题的能力等。因此，我们要积极把握各个实践教学环节，使思想政治理论教学达到事半功倍的效果。

其一，在各种实践教学中，作为专职教师，课堂是我们的主阵地，因此最可控和最应该把握好的是课堂实践教学环节。课堂实践教学往往与理论教学穿插进行，不易把握，除了看视频、案例分析等直观的实践教学方式，可以让学生全员参与以外，其他因教学场地、多媒体教室、合班上课等原因而不易做到全员参与。如果把握不好，课内实践教学变成针对少数人的教学方式，看的多，思考的少，听的多，发言的少，不能调动所有学生的积极性。因此，要把握好课内实践教学环节，就需要各种安排和准备，比如安排小班上课，分专业上课等，增强课内实践教学的针对性和实效性。从教师层面来讲，就要理论联系实际充分地做好课内实践教学的各项准备工作，根据学生专业设计符合学生实际需要的、可行的教学方案，增强课内实践教学的吸引力，提高学生学习的积极性。从学生层面来讲，学生是比较喜欢参与教学互动的，但在实际教学过程中，学生的配合与互动又显得流于形式，教师提问时往往鸦雀无声，随机点名找同学回答时，又因思考和准备不足而效果不好，组织讨论时你一言我一语，时间过了还没进入主题等等。因此，有必要培养学生良好的课堂实践教学习惯，促使学生积极参与，才能取得预期效果。

其二，思想政治理论实践教学还应当与专业实践教学进行有机结合。思想政治理论课实践教学与专业实践教学的有机结合，就是充分利用专业实践教学资源和机会，完善和补充思想政治理论课的实践教学，实现经常性的思想政治教育，根据共同的教学目标和要求，将思想政治理论、党和国家的基本路线方针政策及人民警察核心价值观等融入专业实践教学，把专业技能学习与思想品德养成进行高度融合，真正实现教书与育人的结合。

其三，思想政治理论实践教学还要同校园文化相融合，相映生辉。校园实践教学就是思想政治理论课教学的第二课堂，是公安院校办学宗旨和培养目标的另一种体现。思想政治理论与校园文化相融合，需要我们的任课老师积极参与并联合学校团委、学生工作处和教务处等部门，将思想政治理论教育教学内容和要求融入校园文化建设中，即将责任感融入校园执勤、日常队列、着装及礼仪等方面，将忠诚、为民、公正、廉洁、奉献教育等融入英模报告会、先进事迹演讲比赛及各种征文活动中，以培养学生的政治素养和全心全意为人民服务意识，做祖国和人民的忠诚卫士。

三、在考核方式上要与时俱进

考核既是对教师教学成果的检测，也是对学生学习效果的检测。科学合理又人性化的考核机制，既是对学生学习的一种鼓励，也是一种督促，更能调动学生学习的积极性，所以，实现思想政治理论课人才培养目标，建立科学的考核评价体系至关重要。课堂教学从产生之日起就是学校教育教学的主要阵地，是培养人才的主渠道，因此，课堂上应加大学生平时成绩的考核力度，把学生学习态度、课堂发言（包括提问、答问、讨论、演讲、辩论等）、学习成果展示等情况纳入平时成绩考核，由课代表做好课堂记录。总之，考核评价体系应当秉持过程和结果相统一的评价原则，采用定性和定量分析相结合的评价技术和方法，坚持评价主体的多元化，实行灵活多样、多种形式的综合考核办法，注重把学生的学习态度、平时成绩、考试成绩、实践成绩等多方结合起来。

综上所述，公安高职院校的学生作为预备警官和基层警力的重要补充，其思想政治素质关乎公安事业的希望和未来。因此，加强和改进公安高职院校大学生的思想政治教育，把他们培养成"忠诚、为民、公正、廉洁"的公安事业接班人具有重要的战略意义和实践意义。

教育信息化环境下对高校思想政治教育的思考

赵淑辉

摘　要：信息技术已深入到人们生活的方方面面，这些技术的发展促进了教育信息化的形成，高校思想政治教育必须要做出与之相适应的调整。本文透过对教育信息化背景下高校思想政治教育现状的分析，提出当前形势下高校思想政治教育在教育理念、教育形式、网络监管等变革的路径及加强高校思想政治教育亟待落实的相关措施。

关键词：教育信息化；高校；思想政治教育；思考

高校学生作为祖国的未来，其思想品德的形成备受社会关注。世界各国都在以自己不同的方式对青少年一代进行价值观、世界观的影响和塑造，高校思想政治教育的重要性不言自明。进入新世纪后，随着信息技术、网络技术、多媒体技术及通信技术的迅速发展，教育也进入了信息化时代，信息化给高校思想政治教育带来了一场全新的变革。信息化为高校思想政治教育信息的开发性及交流的大众性提供了平台和可能。当然，任何事物都具有两面性，教育信息化也对高校思想政治教育提出了新的要求，带来了新的挑战。

一、教育信息化形势下的高校思想政治教育现状

信息化在高等教育中的运用日趋成熟，但思想政治教育因其学科的特点，虽然有些教师已掌握了相关技术，并制作了较优质的教学课件，也能很好地运用多媒体展开教学，但在实际中还存在一些突出问题。

（一）固守陈旧观念对教育信息化抵触的现象仍然存在

尽管我国教育信息化建设成绩显著，然而部分高校思想政治教育工作者，尤其是从事二十年以上思想政治教育的教师，多年形成的传统的教育教学方式

与方法根深蒂固,对于新事物"信息技术"介入思想政治教育工作中还没有做好思想准备,有的甚至是反对新的技术手段的介入,认为这种新的教学模式是对传统教育中教师地位的冲击。固守思想政治教育工作者说教的主导形式和话语权威不容置疑的传统观念、抵触情绪明显。显而易见,当前高校思想政治教育工作者必须与时俱进,而且还要站在时代的前沿,如若固守以往的授课模式,向学生灌输乏味的大理论、唱高调,忽视教育信息化的作用,必将置自己于学生的对立面,师生之间就会产生隔阂和交流上的代沟,这样的思想政治教育的效果可想而知。

（二）信息化教育平台中关于思想政治教育的内容更新缓慢

信息技术、计算机技术及通信技术的发展为知识、信息的传播提供了便利。毋庸置疑,当前开放的教育信息化的学习环境,越来越成为学生获取知识和信息的重要渠道。大量的信息可以通过复制、转发流向更多的群体,丰富了信息内容的同时也出现了信息内容的鱼龙混杂。很多学校为了响应国家的号召,建立了学校自己的思想政治教育网站或平台。然而,多数学校流于形式,网站内容多为大量的文字及静态的图片,且内容良莠不齐、更新缓慢,处于无人管理状态。网站的点击率及关注度更是低得可怜,没有真正实现其预期的教育效果。校外开放的互联网上的思想政治教育内容质量更是参差不齐,甚至带有错误、反动的言论信息,而高校课堂上的很多教学内容又比较枯燥、乏味,难以吸引学生的注意力。

（三）教育信息化环境下思想政治教育的形式仍显刻板

尽管通过几十年的摸索,高校思想政治教育除了开设思想政治理论课外,还采用班会、党团、社团组织、社会实践、校园文化建设等教学方式,看起来已经形成了一整套比较完备的思想政治教育体系,但是思想政治教育的效果并不理想。因为大学生对于填鸭式的灌输教育方式已深感厌烦,这种整齐划一的教学模式,已不能满足学生对因材施教的期望及个性化的培养。教育信息化的出现,给思想政治教育的发展带来了新的契机,在某些方面正慢慢打破传统的教学形式,寄希望能给高校思想政治教育带来实效。然而,从21世纪以来的十多年的发展看,教育信息化环境下,给思想政治教育工作者带来了更大的挑战,尤其在教学形式上,如果只是把原来的黑板搬到了教学课件上,那么久而久之,学生就会麻木,信息技术、多媒体仍只是流于形式。

（四）高校思想政治教育网络监管缺失

教育信息化丰富教育内容的同时,也带来了很多亟待解决的问题。由于互联网的隐蔽性、虚拟性、开放性，导致大量垃圾信息、色情信息、暴力信息在网络上泛滥。这就需要相关的思想政治教育工作者加强对网络上的虚假信息及垃圾信息进行监管。从信息源、传播途径及受众等多部位进行监测、控制，防止国内外别有用心的人利用信息技术传播虚假信息，散布反动言论，误导大学生。高校思想政治教育工作者要联合学校网络信息中心、辅导员及任课教师，加强对大学生责任意识的教育，提高大学生甄别虚假信息的能力，增强其社会认同感、责任意识，树立正确的理想信念，不被假象所蒙蔽，不被不法分子所利用，形成正确的世界观、价值观、人生观。

二、教育信息化形势下高校思想政治教育变革的路径

教育的信息化是全新的教育模式，教育环境、学习环境都发生了较大的变革。因此，要跟上时代的步伐，充分利用教育信息化在思想政治教育中的作用，就必然对高校思想政治教育工作提出新的要求。

（一）变革思想政治教育工作的理念

信息技术的发展促进了信息的流动。从传播学的新视角来看，大学生的思想教育观念必要要从传统的灌输、消极回避转变为主动驾驭。尤其是伴随着大学生所接触的环境不再是传统的封闭式的教学模式，将迎来基于互联网环境下的更加开放的环境。因此，要推进大学生思想政治工作，必须更新陈旧的教育观念，树立以学生为本的理念、沟通的理念、奉献的理念、共同教育的理念，以便积极应对教育信息化环境下对大学生思想政治教育工作提出的新要求。

（二）更新完备教育平台上思想政治教育的内容

教育信息化为大学生思想政治教育内容的丰富完善提供技术上的支持及环境平台的搭建。教育信息化改变了传统的思想政治信息单一的呈现模式，将相关的知识内容以丰富的文字、图片、声音、影像等形式展现出来，并将这些包罗万象的信息以开放形式共享，使思想政治教育内容更加充实、完善，也扩大了其传播的范围，使信息实现广泛性、开放性，使高校间共享思想政治教育的成果成为现实。因此，要适时更新内容，与国际政治形势、与国内政治、经济、民生等生活息息相关的内容要及时补充进来。这既是对国家大政方针的及时宣传和普及，也更能引起学生自主学习和自我教育的兴趣，思想政治教育工作的效果取决于教育内容。

（三）实现思想政治教育形式的多样化

传统的思想政治教育工作方法在新形势下仍然发挥着作用。但信息技术、媒体技术的引入更能使学生集视、听等多种感官于一体,身临其境,提高了教育效果,同时也缩短了教师的工作时间,提高了工作效率。尤其是现代远程教育的出现,使高校间共享思想政治教育的成果成为可能。所以,我们应抓住教育信息化的优势,课上可以采用多媒体教学,声情并茂、逼真传神、形式多样的PPT模式,将思想政治教育内容展示给学生,既增加内容的生动性,又能给学生留下更深刻的印象,进而达到预期教育效果。在课下,学生可以通过多种渠道获取知识,比如网站、网页、手机、电话、微博、微信等多种信息技术手段和渠道获取自己感兴趣的思想政治教育知识和信息,教育效果事半功倍。

三、信息化环境下加强高校思想政治教育亟待落实的措施

(一) 加强教育信息化环境下思想政治教育内容的监控

信息化的教育、教学环境为大学生提供了丰富的教学内容选择的机会。然而,大学生是一个正在成长中的群体,其对互联网上繁杂的信息还缺少必要的甄别能力。因此,有必要加强对纷繁复杂的教育内容进行监控。学校可以利用软硬件计算机技术手段,如通过路由或防火墙等技术,拦截互联网上的不道德行为,维持正常的网络秩序;还可以采用互联网内容选择平台、信息过滤软件等技术审查和监控网络信息,控制信息源头,严防有害信息进入校园网;同时还要加强对大学生网络安全知识的普及,并完善立法,健全网络法规,抵制各种网络犯罪、网络色情和网络垃圾的出现、传播和泛滥,严厉打击网络犯罪。

(二) 提高高校思想政治教育工作者的综合素质

高校教育教学工作离不开高素质的师资队伍。在教育信息化环境下,由于其教学环境的变革,对高校思想政治教育工作人员的综合素质提出了更高的要求。思想政治教育工作人员不仅要具有较扎实的思想政治素养,还要具备一定的信息技术素养。只有教育者具备了一定的信息的收集、识别、提取、变换、存贮、传递、处理、检索、检测、分析和利用等的能力,才能更好地从互联网上获取信息、处理信息,并将信息传递给大学生,对大学生的思想形成正确的引导。同时,高校的辅导员不仅要关心大学生的生活,更要关注大学生的思想动态,并及时与思想政治教育教师进行沟通,也需要任课教师对课堂内外观察到的大学生在思想上的异常行为随时反馈,共同完成大学生的思想政治教育工作。

(三) 动员全校共同参与建立长效机制

信息化时代的开放性,大学生的思想政治教育不仅仅局限在课堂教学上,还贯穿到大学生生活、学习、工作的方方面面，这就需要全体教职员工互相配合和协调，而不再仅仅是思想政治课教师的责任，只有全校通力合作才能更好地完成高校的思想政治教育工作。教育信息化是一把双刃剑，在为教育进行改革提供技术支持的同时，也对高校思想政治教育工作提出了新的挑战。高校思想政治教育工作者不仅要时刻保持对政治的敏感性，还要不断地提高自身的综合素质，利用好信息技术手段做好大学生思想的疏导工作，动员全校共同加入大学生思想政治教育的工作中来，建立长效机制，确保思想政治教育工作的效果。

参考文献：

[1] 陈至立. 应用现代教育技术，推动教育教学改革 [N]. 中国教育报，1998-5-18 (2).

[2] 林琼, 梁俏. 从思想政治教育信息化进程探讨当前高校学生工作的重心 [J]. 黑龙江科技信息, 2007 (12): 161-162.

[3] 房亚兵. 信息化条件下创新大学生思想政治教育的理论重构与应用 [J]. 高教探索, 2009 (5): 22-21.

新时代高校铸魂育人培根工作研究

——以内蒙古警察职业学院为例

邢轶清

摘　要：教育是国之大计、党之大计，要落实立德树人的根本任务。党的十八大以来，以习近平同志为核心的党中央高度重视学校思想政治工作，作出一系列重大决策部署。新时代高校担负着铸魂育人培根的重要使命，本文以内蒙古警察职业学院为例，从全面加强党的领导，把握重要原则；强化理论学习教育，抓好党员干部培训；实施"明德立根行动"，增强使命担当；实施"励教生根行动"，构建思政工作一体化格局；实施"弘文强根行动"，构建和谐育人环境；实施"实践扎根行动"，厚植为民情怀等方面，谈对新时代高校铸魂育人培根工作的研究思考，让高校在新时代全面开启教育现代化新征程开好局起好步，提供坚强的思想保证和强大的精神力量。

关键词：新时代；高校；铸魂育人培根工作；研究

教育是国之大计、党之大计，要落实立德树人的根本任务。党的十八大以来，以习近平同志为核心的党中央高度重视学校思想政治工作，作出一系列重大决策部署。高校要以习近平新时代中国特色社会主义思想为指导，全面贯彻党的教育方针，加强党的全面领导，坚持社会主义办学方向，聚焦凝聚人心、完善人格、开发人力、培育人才、造福人民的目标任务，切实铸牢中华民族共同体意识，为全面开启教育现代化新征程开好局起好步，提供坚强的思想保证和强大的精神力量。

下面，以内蒙古警察职业学院为例，就如何深入贯彻落实党的教育方针，进一步做好高校思想政治工作，培养拥护中国共产党领导和社会主义制度、立志为中国特色社会主义奋斗终身的有用人才，形成更高水平的人才培养体系，谈谈近年来关于铸魂育人培根工作的研究思考和实践做法。

一、全面加强党的领导，把握重要原则

内蒙古警察职业学院建校 70 多年，开展学历教育 40 余年来，学院先后培养国民教育毕业生近 2 万人，培训各类学员 6 万余人次，遍布全区各级公安政法机关，多位校友被评为全国公安英模、特级优秀人民警察和全国优秀人民警察等光荣称号，大批校友成为各级公安机关负责人和单位的业务骨干，为祖国北疆安全稳定事业作出了重大贡献，被誉为"北疆警官摇篮"。学院主要承担公安学历教育、在职民警培训、公安理论研究和重大活动安保维稳处突等重要职责，是全区公安队伍建设的源头和基础。

学院高举习近平新时代中国特色社会主义思想，坚决贯彻党中央、自治区党委、政府，公安厅决策部署，坚持政治建警、政治建校原则，忠诚塑警，丹心育人，潜心立德树人，全力培养自治区"两个屏障"忠诚卫士，学院建设稳步提升。人民警察向党而生、为党而战、向党而强。作为培养党和人民忠诚卫士的重要阵地，内蒙古警察职业学院在 70 多年接续奋斗中，无论形势任务如何变化、职能使命如何拓展，始终都旗帜鲜明讲政治，赓续政治办校原则。学院坚持不懈用习近平新时代中国特色社会主义思想育警铸魂，增强"四个意识"，坚定"四个自信"，做到"两个维护"，始终在思想上政治上行动上与以习近平同志为核心的党中央保持高度一致。

全面加强党的领导，在铸魂育人培根工作中，学院党委统筹各环节、各方面的资源和力量，加强制度建设、项目布局、队伍建设、条件保障等方面的系统性设计，成立专班，充分发挥党委把方向、管大局、保落实功能。把党对警察教育工作的领导贯穿始终，把习近平总书记提出的对党忠诚、服务人民、执法公正、纪律严明的总要求作为教育工作的主线，融入思想道德教育、文化知识教育、社会实践教育各环节，打牢思想根基、擦亮忠诚底色。

在落实立德树人、培根铸魂工作中，要始终把握好以下重要原则：一是坚持正确方向与遵循规律相结合。落实全面从严治党要求，牢牢掌握党对高校的领导权。把握师生思想特点和发展需求，坚持遵循教育规律、思想政治工作规律、学生成长规律。二是坚持问题导向与精准施策相结合。深入把握师生关心、社会关注、百姓关切和事关公安教育全局的问题，抓住主要矛盾、补齐短板漏洞。聚焦重点领域、薄弱环节，加强分类指导、着力因材施教，提高工作科学化精细化水平。三是坚持守正与创新相结合。运用有形、有效的方式，搭建参与的平台，开辟参与的渠道，改进工作方法，创新工作载体。四是坚持有效统筹与密切协同相结合。全面统筹学院铸魂育人培根工作各领域、教育教学各环节、人才培养各方面的育人资源和育人力量，建立健全全员、全方位、全过程育人长效机制。

二、强化理论学习教育，抓好党员干部培训

学院党委全面加强党的建设，始终坚持贯彻落实"第一议题"制度，把习近平新时代中国特色社会主义思想、习近平总书记重要讲话、重要指示批示精神和党中央重大决策部署作为党委理论学习中心组（扩大）、各党总支、党支部集中学习研讨的重要内容，有序开展学习。在"两学一做""不忘初心、牢记使命"、铸牢中华民族共同体意识、政法队伍教育整顿、党史学习教育等各类主题教育活动中，学院深入开展学习教育、宣传宣讲、研究阐释，把各项学习教育活动作为各级党组织政治理论学习重点内容，列出专题进行研讨，推动教职工党员在学懂弄通做实上下功夫，把对"两个确立"的忠诚拥护转化为做到"两个维护"的思想自觉、政治自觉、行动自觉。

认真贯彻落实《中国共产党党员教育管理工作条例》，强化党员党性教育，分层分类开展党务干部培训，坚持定期分层分类举办党总支、党支部书记专题培训班，着力建设一支政治坚定、熟悉业务的高水平党务干部队伍，同时注重加强党员日常教育管理，让党员干部在工作中发挥先锋模范和示范引领作用。

三、实施"明德立根行动"，增强使命担当

学院积极开展"明德立根行动"，推进习近平新时代中国特色社会主义思想进教材进课堂进头脑，培育和践行社会主义核心价值观，传承和弘扬中华优秀传统文化，开齐开足思想政治理论课。充分发挥思政课在立德树人、铸魂育人核心课程、主阵地、主渠道作用，通过线上线下、课上课下相结合的方式，开展"同上一堂党史思政大课"、党史学习进社团、进云端、进校园等活动。充分利用公安院校课程体系优势，利用宪法宣传月、"法治教育一堂课"等活动引导学生自觉践行社会主义核心价值观，尊重和维护宪法法律权威。结合国家通用语言文字达标校建设、民族政策宣传月等专项工作，开展主题团日活动、黑板报大赛、故事分享会等活动，深化民族团结进步宣传教育，铸牢中华民族共同体意识。

四、实施"励教生根行动",构建思政工作一体化格局

一是严格落实好教材建设规划和教材选用管理办法。成立教材选用委员会,坚持"凡用必审""凡编必审"的原则,采用组织内部自查、外部审查、对口抽查相结合方式,严把选用关。目前,学院所有专业课程教材均采用国家通用语言文字教材、马工程重点教材、国家统编的思想政治理论课教材、省部级规划和重点推荐的教材等体现学科专业特色的优质教材。按照教育部《职业院校管理办法》《自治区职业院校教材管理实施细则》,进一步完善教材选用、审核等机制。

二是课程思政和思政课程同向同行。积极引导专业课程教师在教学过程中,挖掘思政元素,充分发挥课程"主战场"作用,通过课程思政教学,着力提升学生思想品性,增强民族复兴的责任担当。组织学生开展丰富的实践教学活动,如云观集宁战役红色纪念园、内蒙古博物院革命历史展厅等,让学生进一步了解内蒙古的历史,传承先辈的革命精神,明确青年的使命担当。为进一步加强课程思政建设,学院建立《中共内蒙古警察职业学院委员会关于全面推进课程思政建设的实施方案》,明确"课程育人"指导思想、基本原则、总体目标。要求所有教师都要履行育人职责,所有课程都要体现育人效果,把思想政治教育贯穿人才培养体系。加大对课程思政建设的投入力度,支持课程思政建设改革,鼓励教师带头开展示范建设。

三是打造高素质教师队伍。鼓励教师提升学历,加强实践锻炼。组织开展各类进修培训、新入职教师培训、职业教育教师教学创新团队培训、教学管理人员业务能力提升培训等各类培训。成立师德建设委员会,建立健全关于开展师德专题教育实施方案和教师师德失范行为处理办法等长效机制。

四是坚持立德树人评价导向。坚持立德树人教育评价导向,规范教师教学过程,将课程思政建设纳入学科评估、教学评估指标,提升课程思政育人效果。完善教学环节的常态化检测,认真开展学期初、期中、期末常规检查和日常随机抽查,在同行互评中将课程思政纳入评估范围。认真开展教学巡查、随机听课、教评教、学评教等制度,以评价促建设、以评价促发展。

五、实施"弘文强根行动",构建和谐育人环境

高校要打造高雅校园文化,构建和谐育人环境,让学生在校园文化的熏陶

浸润中提升人文素养、熏陶思想感情、塑造人格品质，我院创新开展了系列主题教育活动，深入加强校园文化建设。

一是创新主题教育活动。学院结合党史学习教育、铸牢中华民族共同体意识、国家通用语言文字等专项工作，组织开展"爱祖国 担大任 做新人"主题演讲比赛；《诵读红色家书 传承红色基因》系列诵读视频；"铸牢中华民族共同体意识，讲述身边民族团结好故事"为主题的故事分享会；"普通话颂百年伟业，规范字写时代新篇"主题团日活动；"说好普通话，写好规范字"为主题的黑板报大赛。

二是加强校园文化建设。学院丰富拓展校园文化建设形式，推进朗诵、书法、高雅艺术等进校园。举办《倾听最动人的声音》系列朗诵会；"献礼华诞，韵墨流长"主题书画展；"奋进新时代，永远跟党走"师生大合唱；"校园马拉松"等主题活动，力求在活动中引导广大学生把小我成长融入祖国的大我之中，为实现中华民族伟大复兴的中国梦贡献青春智慧、青春力量。

三是推动新媒体育人。突出警营特色和地域文化特色，打造"品牌文化"亮点，利用各重大节日、纪念日节点，通过线上学习专栏、微信公众号、学习群等线上方式和宣传橱窗、展板、板报等线下方式，开展丰富多彩的教育活动，营造浓厚的学习教育氛围。

四是重视仪式礼仪教育。充分利用重大历史事件、历史名人纪念活动、爱国主义教育基地等，组织开展了"学党史 强信念 跟党走""讲好党史故事"学习教育活动，"唱响红色经典，共发时代强音"主题大合唱活动，拍摄《中国人民警察警歌》MV，千人共唱《没有共产党就没有新中国》活动，"国家烈士纪念日公祭活动"缅怀活动，致敬为国牺牲的公安英烈活动和爱国主义影片进校园活动、"同升国旗 共唱国歌"活动等，通过一系列活动，塑造了学生的爱国主义情感、集体观念、职业道德精神和奉献精神等。

六、实施"实践扎根行动"，厚植为民情怀

一是完善社会实践和志愿服务体系。成立青年志愿者协会，开展"学习雷锋精神""铸就防骗宣传，擦亮识骗慧眼""知危险会避险，守护安全成长""校园反诈宣传""文明出行"等志愿服务活动。组织党员到居住地社区和派出所开展"我为群众办实事""双报到"实践活动。

二是实施新时代文明实践"十大行动"。学院制定《内蒙古警察职业学院高

校文明校园测评细则任务分解清单》，明确责任分工，积极开展精神文明校园创建工作。配合呼和浩特市全国文明城市创建工作，组织开展"警""群"联创，共建文明青城系列主题活动，各党总支、党支部深入包联社区开展文明社区、文明校园、文明交通等活动。根据全国教育大会、职教大会、高校思想政治工作会议精神，以开展课程思政建设为抓手，实现思政课和课程思政有效衔接，将"三全育人"要求纳入学院培养方案，实现全程全方位育人，高质量打造高素质警务人才。

三是宣传选树先进典型。认真开展自治区级和校级"优秀学生干部""三好学生""优秀毕业生"以及校级"优秀共青团员""优秀共青团团干部""优秀学生会干部"等评选表彰，选树一大批热爱祖国、勤奋学习等方面表现突出的学生楷模。积极开展"桃李之星"评选活动。

预备警官绝对忠诚教育路径养成

武 静

摘 要：公安院校开展忠诚教育意义重大，其直接关系到公安事业的成败和公安机关政治责任、社会责任的落实，是始终保持人民警察忠诚本色的思想前提和重要培育环节。本文从理论教育塑造、搭建网络忠诚教育系统、典型示范引导、忠诚文化熏陶、规范制度养成阐述预备警官绝对忠诚教育路径养成，从而使预备警官在遵循人民警察忠诚规范的基础上，提高预备警官的忠诚认知，通过有步骤地施加忠诚影响来不断增进学生忠诚感知能力，培养警察大学生的使命感、正义感和荣誉感，并使其内化为忠诚意识的活动。

关键词：预备警官；绝对忠诚；教育；路径

习近平同志指出："对党绝对忠诚要害在'绝对'两个字，就是唯一的、彻底的、无条件的、不掺任何杂质的、没有任何水分的忠诚"。公安队伍是党绝对领导下的武装性质的纪律部队，对党忠诚是人民警察的政治本色和最高精神境界，也是公安队伍的本质属性。如何保证公安队伍的忠诚，关键在于对预备警官忠诚教育的路径构建。公安院校忠诚教育就是要求预备警官在遵循人民警察忠诚规范的基础上，提高预备警官的忠诚认知，通过有步骤地施加忠诚影响来不断增进学生忠诚感知能力，培养警察大学生的使命感、正义感和荣誉感，并使其内化为忠诚意识的活动。预备警官忠诚教育的内容在于理论灌输，突出政治理论课堂主渠道灌输，通过灌输、说服等之外的间接手段将教育内容直接或间接地呈现给受教育者，影响受教育者。通过典型示范引导大学生自我价值的实现，通过忠诚文化熏陶达到"润物细无声"的效果，通过规范制度养成使忠诚成为一种责任和习惯。同时加强潜移默化的辅助手段，结合教学内容设计，教学方式方法创新，微信平台展示塑造预备警官忠诚品质。

一、理论教育塑造

一种正确的思想意识只有内化为个体的内心需要和情感要求，成为理想信念的一部分，才会有强烈使命感和责任感，才能形成持久的行动动力。因此在预备警官忠诚意识培育过程中，通过课堂理论灌输将忠诚意识教育逐渐内化为学生的思想认同，形成系统的警察忠诚意识。将忠诚教育这条主线贯穿于大学生学习、生活的各方面，成人、成才的全过程。不但要深入学习政治理论知识，把握忠诚的本质与精神，把忠诚的伦理规范内化为民警内心的要求，而且要注重对忠诚内容的接受态度、情感转化、行为选择等。这就要求预备警官要了解党史、国史、警史，在感情上做到爱党、亲国、爱民，在行动上忠诚于党、国家、人民和法律，使理论在实践中体现，实践又升华为理论。用马克思主义理论武装他们的头脑，提高他们的马克思主义理论水平和辨别是非的能力，帮助他们自觉抵制不良思想的侵蚀，培养他们坚定的社会主义信念和崇高的爱国情怀，将来投身到保卫社会主义现代化建设中去。中国共产党的发展历史饱含着丰富的思想内涵，蕴藏着大量的忠诚教育题材。挖掘思政课教学中关于中国共产党革命、建设和改革的成就等有关资料，使广大学生客观地了解我国的历史发展过程和目前国内外形势，用发展的眼光分析社会现象，强化其忠诚意识。教学中应将党史教育与政治忠诚教育紧密地结合起来，只有充分了解党的历史才能做到政治上的忠诚。通过对中国革命史的学习可以使学生在了解历史的基础上，产生对中国共产党理想信念的认可，和对中华民族艰苦奋斗精神的认同。中国共产党最终能成为人民拥护的执政党，这是历史和人民的选择。通过党史教育让预备警官充分了解党的历史发展，党的政治目标，从而做到对党领导的中国特色社会主义事业充满信心，做到政治上忠诚于中国共产党领导的社会主义国家。教学中可以通过案例分析将爱国主义与忠诚教育有机结合起来，引导大学生思考讨论公安人员应怎样践行爱国主义，怎样做到对祖国和人民的忠诚，理解爱国与忠诚的紧密关系。坚定他们对党、对国家、对人民、对法律的信念，培养预备警官对党、对国家、对人民、对法律的感情；通过红色资源教育，让他们感知红色资源中所蕴含的崇高精神以及先辈们的爱国主义情怀，以增强他们的荣誉感、使命感和责任感。

二、搭建网络忠诚教育系统

公安院校应坚持"以学生为主体，以网络为载体，以育警为根本"的宗旨，校园内网建设中,开辟专题网站,建设集政治性、思想性、理论性、知识性、趣味性、互动性和服务性于一体的思想政治教育主题网站和思政微信平台,占领网络信息传播阵地,加强网上舆论引导,唱响网上思想政治教育主旋律。及时准确把动态消息、专题新闻、热门评论等方面的正确舆论信息传送到网站。充分发挥网络传播优势,搭建"忠诚卫士"网络阵地,把党的基础知识、党史人物介绍、党的文献著作、革命先辈的丰功伟绩、功臣传记、英模忠诚风范、先进民警典型事迹、时代精神、红色资源等内容上传网站,利用图文并茂的网络资源来宣传爱国主义精神与英模忠诚风范,让忠诚这一音符成为网络的主旋律,以激发学生对党、对国家、对人民的热爱,强化其历史责任感。弘扬公安院校的教学理念,构建内容丰富、健康活泼的网络育人氛围,在新媒体文化建设中蕴含和拓展警察的忠诚意识。

三、典型示范引导

典型就是旗帜,榜样就是力量。不同时期涌现出来的千千万万个公安英模,凝聚了一代又一代公安民警的精神力量,是激发整个公安队伍不断进取的不竭动力。将公安英烈和英模的先进事迹作为案例引入课堂,通过丰富、生动、感人的材料,教育他们向英雄学习,树立为人民服务意识,培养为国献身的情操,使学生见证平凡中的伟大、感知警察事业的神圣和光荣,让榜样的力量引导成长,增强了职业荣誉感和使命感。让榜样典型在全社会发扬,成为激励广大预备警官前进的精神力量。预备警官要见贤思齐,学习先进模范人物的高尚品德和崇高精神,激发同学们学习和探索的积极性,不断加强自我修养,增强对警察职业的忠诚意识,坚定理想信念、永葆忠诚本色。典型示范可以采取多渠道多形式引导学生学习警界英模榜样的动人事迹,如组织观看电影、电视、参加报告会、专题讲座、学习有关文件精神,把历届优秀毕业生在工作中的突出贡献和立功受奖情况列入校史馆或在有关的训练场馆内展出等。通过实践活动帮助预备警官树立正确的人生观、世界观和价值观,丰富其精神家园和课堂教学,从而表达、强化、塑造公安机关的组织理念、价值追求,激发学生对警察职业的热爱与崇高追求,培养坚强的忠诚精神意志。

四、忠诚文化熏陶

文化作为公安院校办学传统、精神追求、校园风貌和理想信念追求的统一整体，其忠诚教育必须渗透于公安院校预备警官教育生活的各个方面。中国文化博大精深，穿越五千年灿烂的中华文明，寻找忠诚的点点滴滴，引经据典，引导学生深入地思考忠诚在人格培养、道德形成、个人品质等方面的意义，从而达到固化忠诚意识。校园文化对大学生的思想观念、价值取向、行为方式等都具有潜移默化的作用。要注重忠诚文化氛围的培育，使这种文化得到传递、传播和创新，从而发挥忠诚文化对学生的教化作用。公安院校大学生的政治忠诚教育必须发挥"校园文化的思想政治教育功能，营造具有公安院校特色品牌的校园文化，发挥校园环境文化、精神文化和行为文化的熏陶感染功能"。以正确的舆论引导人，以高尚的精神塑造人，以优秀的作品鼓舞人，寓教于乐地教育人。从而达到潜移默化地、润物无声地渗透到人的意识中，实现人的情感陶冶、德性涵养、价值认同、行为养成和丰富生活。采取学生喜闻乐见、生动活泼的形式，推动忠诚教育进课堂、进头脑。以潜移默化、润物无声的方式深入人的内心世界，净化人的心灵。可以使学生对公安文化和警察身份产生强烈的归属感和自豪感。

  静态方面。举办以忠诚为主题的校园活动，推出体现忠诚魂魄的优秀作品，美术、书法作品展览等让先进文化呈现到校园的各个角落，激励学生忠诚人格的成长。公安院校的校训应与时俱进，体现出忠诚的主题。在大学精神风貌中，校训、校风、教风、学风、校歌等是高校精神风貌的集中体现，在内容和寓意的设定中可以彰显人民警察的忠诚意识。校园和教室的展台或宣传栏应加大对公安英模事迹的宣传。苏霍姆林斯基曾经说过："要使学校的每一面墙壁说话，发挥出人们期望的教育功能"如忠诚人物雕塑群、忠诚广场、校史馆等，在教学楼、教室、图书馆悬挂一些关于忠诚品质的名言警句。在学生休闲场所、宿舍楼建造散发浓厚警察文化气息的雕塑景点，校园的自然景观中，立牌、立石镌刻随处可见，赋意警察的忠诚之魂，在挖掘校史的名师名家过程中，将其肖像悬挂于图书馆、教学楼之中，或将其雕成塑像竖立于校园之内。以建立警官俱乐部、图书室、阅览室、荣誉室、健身室等为主阵地，打造感恩园林、励志长廊、忠诚广场、清廉荷池等；在教学楼、办公场所张贴宣传标语，悬挂横幅，制作展板，打造警营笑脸墙；在图书馆、阅览室悬挂名人头像、名言警句等；设立红色宣传栏，通过一大批主题鲜明、特色突出的故事来展示当代人民警察的光辉形象。以触景生情、潜移默化的环境文化关注心灵、传递正能量，对学生的价值判断、思想观念、意识形态具有重要导向作用，有助于学生在浓厚的警营文化中感知忠诚、坚定信念，久而久之能够使学生受到感悟和激励，追逐梦想，实现自我。

　　动态方面。强调重大节日、活动的仪式感，加强忠诚教育的实践环节。学校组织学生举行入学教育、毕业典礼、国庆节、五四青年节庆典，升旗仪式阅警仪式、授衔仪式，组织重温《人民警察誓词》，警务技能等展示警察特色的活动，公安院校仪式活动上的校徽、校训、校旗、警徽、警服、警歌等文化元素，无不时刻提醒着预备警官共同的职责使命和共同的理想信念。仪式感使得预备警官在特殊的仪式教育中通过角色的体验和转换，场域中预备警官的价值观、情感和心理意识产生一种认同感、使命感和自豪感，增强对组织、集体的认同，从而对预备警官忠诚警魂的培养和塑造产生积极而又深远的影响。开展学习先进典型、专题演讲比赛、歌曲、社会调查、讲座、课堂讨论等活动。组织公安战线先进人物的事迹报告会、忠诚卫士、英雄人物感人事迹报告会、专题讲座，经常性地邀请一线优秀干警与先进工作者走进校园，与学生面对面地交流，用鲜活感人的事迹启发学生，学生由于被英雄人物忠诚的品质、思想和行为所触动与感染，并与他们产生情绪、情感、认识上的"共鸣"，通过塑造典型使预备警官认清人民警察的崇高使命，并决心实践之。组织体现忠诚于党、忠诚于人民、忠诚于人民警察职业色彩的演讲比赛、歌唱比赛等活动。学唱忠诚歌曲，寓忠诚教育于文化娱乐中，使学员在歌声中受教育，在旋律中受熏陶。组织学生观看警示片，观廉政展，制宣传板，强化廉政警示教育。组织广大学生到爱国主义教育基地、红色教育基地进行参观和学习，让学生深入了解革命历史，接受红色精神洗礼，使他们尊重历史，清醒地认识到中国革命与改革开放中取得的成绩，全面地看待改革开放中遇到的问题，坚定党的领导。组织学生观看反映忠诚品质的影视剧，让学生在欣赏影片的过程中，随着故事情节的展开以及对主人公思想品质的逐渐认识，对主人公崇高人格的敬仰，在不知不觉中接受忠诚品质的感染、熏陶和教化。组织学生开展社会调查、举行主题讲座、公益活动等社会实践活动。组织学生通过课堂讨论的形式展开忠诚教育，内容可以选择公安机关大力宣传的先进人物以及他们的先进事迹，也可以是民警的违法违纪行为，还可以是当下所宣传的公安工作新动向、新发展和新目标的传达等。

　　通过文化环境氛围模式、精英示范模式、价值管理模式、政治文化模式，使预备警官在耳濡目染、潜移默化中接受忠诚教育。通过警院忠诚文化的熏陶与培育，使预备警官将忠诚意识熔铸到心灵，外化于行动，从而有效提升加入警察队伍后备力量的整体素质。

五、规范制度养成

　　警务化管理是公安院校实现人才培养目标的重要抓手,公安院校不同于普通院校,它肩负的使命是为国家培养预备警官,因此它的管理也因它的使命而不同于其他院校,尤其是在学生养成教育方面,其方法应服从使命,在严格的警务化管理中突出忠诚行为养成教育,提升学生的警察职业意识。警务化管理是公安院校的办学特色之一,其基本任务是通过各种行为规范,保证公安院校良好的学习、训练、生活秩序,培养学生优良的综合素质,使公安院校的学生管理工作达到规范化、标准化、科学化。要有严格的自律和表率意识,无论是语言还是举止以及关键时刻行动的初始考量。习近平指出,一种价值观要真正发挥作用,必须融入社会生活,让人们在实践中感知它、领悟它。要注意把我们所提倡的与人们日常生活紧密联系起来,在落细、落小、落实上下功夫。政治忠诚教育既要扎根于学生的思想,也要贯彻落实到日常管理、战备训练以及各项任务中,要从细微处加以规范,公安院校学生良好习惯是从实际生活中一点一滴不断积累而养成的,包括一日作息制度(起床、早操、内务卫生、就餐、执勤、业务课、政治课和就寝等)、内务制度、请销假制度以及其他与学生学习生活相关的制度。坚持一日生活制度化,从细微处入手,从最基本的行为习惯抓起,通过严格的日常管理与学习训练,培养学生过硬的专业素质与业务能力,从而达到生活制度化、警容规范化的效果。通过对学生着装、警容风纪、言行规范、仪容仪表、警务礼仪、一日生活制度等方面的教育和管理,促进学生职业素质和职业行为习惯的养成。通过标准的管理活动,内化为被管理者的自觉行为。警务化管理应坚持以学生为本的理念,充分发挥学生的主观能动性,使之在主动接受教化的同时,自觉将忠诚教育内化为实际行动通过《内务条令》规范生活行为,通过《纪律条令》规范行为举止,通过《队列条令》规范训练,最终实现学生令行禁止、服从命令、听从指挥的作风。培养学生的服从意识和"令行禁止"的作风,警务化管理能够弘扬使命至上、忠诚履职、敢打敢拼、奋发有为的警营文化,培养良好习惯,全面提升学生整体形象,促进良好习惯养成。使学生在严格的警务化管理中磨炼坚强意志,升华思想认识,锻炼忠诚品德。使学生在潜移默化中养成文明礼貌、警容严整、纪律严明、雷厉风行、吃苦耐劳、勤俭节约等优良作风,在管理的过程中通过潜移默化的影响而逐步得到规范,逐步从追求、思维、行为等方面符合国家和人民的需要,从而达到培养目的。

忠诚教育是一种政治教育，旨在解决"为谁用权、为谁执法、为谁服务"的问题，公安院校的大学生作为未来的人民警察，是公安队伍的新生力量，在公安队伍建设中具有重要地位，公安院校开展忠诚教育，直接关系到公安事业的成败和公安机关政治责任、社会责任的落实，是始终保持人民警察忠诚本色的思想前提和重要培育环节。从而使人民警察忠诚品质得以塑造，职业信仰得以养成，内化于心，外化于行，由被动忠诚变为主动忠诚，忠诚担当，忠诚履职，忠诚铸警魂，从而践行立警为公，执法为民执法理念，从而打造一支政治过硬、本领高强的新时代公安队伍，培养出一批信念坚定、永葆忠诚本色，能干事创业，保卫祖国北疆的公安专门人才。

参考文献：

[1] 包苏红. 警务辅助人员思想政治教育［M］. 北京：中国人民大学出版社，2018：44-62.

[2] 朱旭东，余青. 进一步加强和改进公安忠诚教育的若干举措［J］. 公安教育，2017（7）：54-57.

[3] 徐承. 新形势下公安机关及其人民警察确保绝对忠诚之路径［J］. 公安教育，2014（3）：12-16.

[4] 西娜，王宇辉. 公安院校大学生忠诚教育培养机制研究［J］. 河北公安警察职业学院学报，2017（9）：77-79.

[5] 孙瑞鹏. 公安院校学生养成教育浅探［J］. 法制博览，2012（7）：255.

[6] 王根虎. 论公安院校忠诚教育的实现路径［J］. 山西警官高等专科学校学报，2016（10）：85-87.

[7] 任永强，尹彦. 浅析仪式在公安院校忠诚教育中的功能及实现路径［J］. 广西警察学院学报，2017（6）：109-113.

[8] 许文清. 浅议公安院校学生的养成教育与警察素质培养［J］. 法治与社会，2014（6）：219-220.

润"物"有声、以"美"育人
——浅谈声乐选修课课程思政实践意义

魏 丹[①]

摘 要： 新时代中国青年迎来了实现抱负、施展才华的难得机遇，肩负着建设社会主义现代化强国、实现中华民族伟大复兴中国梦的时代重任。这就要求新时代的青年要胸怀远大理想、坚定理想信念、传承奋斗担当。作为高校教师要掌握新时代青年成长背景、明确新时代青年的使命，以"立德树人"为宗旨将课程思政贯穿教育教学全过程，引导广大青年主动学文化、学科学、学做人，不断提高广大青年的综合能力、身心素质、精神品质，引导其努力成长为堪当民族复兴重任的时代新人。

关键词： 课程思政；声乐选修课；美育；审美能力；文化自信

进入新时代，培养什么人、怎样培养人、为谁培养人成为现阶段高等教育的关键所在，高校作为人才培养的主阵地，要坚定贯彻党的教育方针，培养德、智、体、美、劳全面发展的社会主义建设者和接班人。课程思政强调将思政工作贯穿整个教育教学全过程，在授课的同时引导学生将所学知识和技能转化为内在的德性和素养，激发其为国家学习、为民族学习的内在动力。

高校选修课相较于必修课是对学生综合素质培养的查漏补缺，是学生根据学分设置以及兴趣爱好等进行自我选择的课程，从某种意义上讲是学生追求发展个性化、求知多向性、拓展技能的渠道。声乐选修课作为艺术类的选修课程发挥着学生追求美、享受美、热爱美、创造美的作用，通过课程学习并将其转

[①] 魏丹、女、汉族，1983年10月生，副研究员，现就职于内蒙古师范大学青年政治学院，研究方向为大学生思想政治教育、大学生美育教育，主持参与课题11项，发表相关学术论文9篇、参与相关著作、教材编写3部，指导学生参加"挑战杯"学术科技竞赛、"挑战杯"创新创业竞赛、大学生艺术展演的参赛作品均取得较好成绩。

化为正确的理解艺术美所承载的时代、社会、历史背后所蕴藏的真正思想内涵，引领学生树立正确的审美观，陶冶高尚的道德情操，培养深厚的民族情感，达到润物"有"声，以"美"育人的效果。这种效果要在课程教学中将思想文化、思想意识、思想形态融入教学教育的全过程，通过课程思政的教学，丰富声乐选修课的教学内容、改进教学形式，全面提升学生的审美和人文素养，增强文化自信，引导学生积极弘扬中华美育精神。

一、立足时代、立德树人

（一）运用"大思政课"培育时代新人

1. 在授课时首先要对授课对象进行分析

当代大学生逢盛世，共享机遇，时代造就青年、盛世成就青年，其成长背景生逢中华民族发展的最好时期，机遇同时伴随着挑战，这就要求新时代的大学生练就过硬本领。在《新时代的中国青年》白皮书中这样讲道："新时代青年刚健自信、胸怀天下、担当有为，衷心拥护党的领导，奋力走在时代前列，展现前所未有的昂扬风貌；追求远大理想，心中铭刻马克思主义崇高信仰、对共产主义和中国特色社会主义的坚定信念；深植家国情怀，与国家同呼吸、与人民共命运，时刻彰显着鲜明的爱国主义精神气质；传承奋斗担当，先天下之忧而忧、后天下之乐而乐，勇做走在时代前列的奋进者、开拓者、奉献者"，这是当代青年的发展目标，结合发展目标与成长背景为声乐选修的课程思政提供了方向。习近平总书记指出："'大思政课'我们要善用之，一定要跟现实结合起来"。总书记的重要论述为推进全方位的课程思政提供了遵循。

2. 在授课过程中，作为教师首先要有强烈的思政教育责任感和使命感，要给学生心灵播下真善美的种子，引导学生扣好人生第一粒扣子，要深刻领会《高等学校思政建设指导纲要》，主动有为。

把握声乐选修学课的学科优势，利用一切声乐艺术中的思政元素陶冶学生高尚的道德情操，培养学生对未来发展的信心斗志，对美好生活追求的愿望，使其担负起堪当民族复兴重任的时代新人。

（二）深入挖掘课程中的思政元素

1. 弘扬中华美育精神，增强文化自信，引导学生自觉传承和弘扬中华优秀传统文化

中国人民对美好生活的追求，滋润并推动中华文明向前发展，形成源远流

长的中华美育精神，成为中华民族文化根脉的组成部分。"文化是一个国家、一个民族的灵魂"，中华美育精神根植于中华优秀传统文化；中华美育精神植根于历史、作用于当下、着眼于未来。在促进社会主义文化繁荣兴盛、建设社会主义文化强国的过程中，要大力弘扬中华美育精神，坚守民族文化根脉，让广大青年在艺术的海洋里感受中华民族优秀传统文化，形成坚定、广泛、深厚的文化自信。

音乐作为弘扬优秀传统文化的载体，承担着文化的延续、精神的传承，是人民追求和谐美好生活的时代声音，它蕴含着几千年来中华民族的哲学观、审美观、育人观。早在春秋时期孔子就注意到了音乐对人能够产生精神上的影响，并具有教育作用。荀子在《乐论》篇中阐述了六个论点，是在继承孔子提出的音乐具有教育作用的基础上进行的拓展，其中论述到音乐是人们情感的所需，可以使人们向上；音乐可以使人们统一在同一大道，以应付社会任何变化；音乐是社会所需，因为听了"雅乐"可以使人们心胸开阔；音乐能够表达人们的志趣，又能使人们得到娱乐。而声乐作为音乐的一种重要具体表现形式，是实现上述作用的重要载体，歌唱是人们表达情感、弘扬社会正能量、表达志趣，感受美好事物的重要途径。声乐教育作为美育教育的一部分其目标不仅是培养和提高人们对美的感受力、鉴赏力和创造力，同时能达到美化自身、树立美好的理想、发展美的品格、培育美的情操、形成美的人格，其最重要的是培育人格和心灵。

中国是有着五千年历史的文明古国，在中华大地上孕育了极具包容性的传统音乐，包括民歌、戏曲、说唱等，形成了百花齐放的绚烂景象，这些都植根于中华大地、形成于中华文明历史长河中、以中华民族的文化为根脉，传承着文化、承载着智慧、记载着历史、传播着真善美，这些都是当代大学生要守护并继续传承的文化根脉，在教学中通过讲解中国传统音乐的知识，讲授一些民歌、戏曲、说唱的历史演变、发展脉络、音乐地理学的等方面的知识，让学生形成一条纵向的音乐历史发展观，使广大学生能用历史的思维去感受音乐文化。同时要设计一些学唱民歌、戏曲、说唱等艺术形式的教学，在学唱过程中去感受音乐文化多元性、包容性、艺术性、文化性等，引导学生坚定的认同一个拥有灿烂文化的民族必定是有灵魂的，激发其热爱中华民族优秀传统文化并逐渐演变为强大的共识力和凝聚力，使广大同学对中华民族灿烂的文明发自内心地崇拜、从精神深处认同，使其传承文化基因更加自觉、民族自豪感显著增强，让其真正的感受文化自信才是真自信。

2. 提高人文素养厚植家国情怀

我国声乐艺术在长期发展的历程中蕴藏着丰富的思政能量，要将其深入挖掘并融入声乐教育教学全过程。我国声乐艺术演进史尤其是近现代时期的声乐艺术发展史,蕴含着强烈的爱国主义精神和红色文化元素。在声乐选修课教学中,以这部分史料作为案例进行讲解与分析,既能阐述特定的声乐理论知识,也能发挥出这些史料的思想引领价值,让广大青年感受声乐艺术背后的民族精神。在授课中会侧重于演唱近现代的一些作品,如学唱并赏析《黄河大合唱》部分篇章,该作品是中国合唱里程碑式的作品,整部作品由9个乐章组成,演唱形式多样,其音乐主题主要建立在力量、崇高、苦难这三个主题,展示了中国人民坚强不屈、勇敢向前的精神,表达了强烈的民族自豪感,这一时期的很多作品都表达着强烈的爱国主义精神,在授课中通过由表及里的理论教授和由浅入深的学唱,达到从情感的角度学习中国共产党的奋斗历史,从思想的高度潜移默化地将家国情怀融进内心。

另一方面,我国声乐艺术的现代化发展彰显了我国社会主义建设的理论自信、道路自信和文化自信,一个不断改革创新的过程,这些改革创新的成果让学生清晰地认识到我国深化文化体制改革、促进文化大发展大繁荣的坚定文化自信的决心。在教学中学唱现代作品如《我和我的祖国》《我爱你,中国》《在希望的田野上》《不忘初心》《我们都是追梦人》等弘扬主旋律的歌曲,以《我爱你,中国》为例,该作品创作与于1979年,作品饱含着海外游子对祖国深深的爱,全曲以歌颂和赞美为主,在学唱该作品时要引导广大同学厚植家国情怀,无论未来身处何处都要坚守民族文化根脉。类似于这样的作品极具抒情性,唱出了时代特征和高度的文化自信,同时也唱出了中国共产党带领广大人民群众走中国特色社会主义道路的坚定性,将爱党、爱国、爱社会主义、爱人民有机融合,唱出了时代强音。

二、浸润心灵、以美育人

(一)陶冶学生"大美"人生

中华美育精神滋养了中华数千年文明创造,造就了中国人民爱美求善、自强厚德的文化品德和精神风貌,这些精神品质在历史的长河中由不同的形式将其延续并传承,这些形式包括音乐、舞蹈、美术等。声乐作为音乐的一种重要表现形式,是通过歌唱来传递情感、思想内涵、歌曲风格的一种艺术表现手法,使听众在欣赏歌曲的同时体验情感的流动、思想深度、和时代的背景等,从而达到陶冶高尚情操、塑造美好心灵。声乐选修课属于高校美育课程系列,是从

"美"的感性层面浸染心灵；在课程中将思政教学融入课堂教学的过程，是从"德"的层面塑造行为，二者有机结合，在授课的过程中从"美"的感性层面将情感与价值，以入脑入心的方式将社会主义核心价值观融入教育教学，同时从"德"的意识层面培养和塑造当代大学生正确的世界观、人生观、价值观。

要想达到上述的功能首先要优化课程体系，深化课程内涵。首先优化教学内容。深刻挖掘课程中的思政元素，将课程中的美育意义引入思政实践，用声乐艺术形式促进思想引领。注重培养学生在感受美、追求美、创造美的过程中分析、解决问题的能力，在声乐作品中努力将牢固的理想信念、健康的价值认知、坚定的文化自信转化为良好的社会心态。其次加强课程内涵建设。坚持在授课过程中将知识传道与价值引导相结合，拓展育人空间，激发学生对课程思政教育的兴趣，提高教学的有效性，践行声乐选修课课程思政的使命，要将课程效果内化于心外化于行，转化成自觉的行动，提升学生素养、颂扬时代强音。再次要强化育人效果。声乐是通过歌唱来感受生活中的美好事物，通过感受经典、陶冶情操，切实提高学生的审美和艺术素养，运用声乐艺术作品中的德育元素，促进大学生健康的独立人格发展，引导大学生牢固树立正确的世界观、人生观、价值观。在课堂教育教学中，让大学生在声乐歌唱的实践中感悟美好，使每一位选修该课程的学生都成为美的传递者。

（二）正确思考问题的能力及审美的感受力

教师要在课程中不光授业还要传道解惑，要结合自身成长引导学生建立正确的认识社会、分析问题的能力。在课程中通过声乐作品赏析，将作品的时代背景、作曲家等进行详细讲授，例如演唱欣赏歌剧《白毛女》的中选段，《白毛女》是中国歌剧作品探索的里程碑，通过讲授该作品的创作背景、音乐风格、现实意义等，让广大学生感受该剧"旧社会把人变成鬼，新社会把鬼变成人"的中心思想，并引导广大同学珍惜当下的生活，无论人生道路上遇到多大挫折、受到多大的负面影响，我们始终不改对自我的、对家庭的、对社会、对国家、对人民的初心，同时通过学习传统音乐的知识运用历史观去分析问题、通过学习近现代各时期的音乐作品引导学生在大我和小我之间如何转化，通过学习声乐演唱引导其感受通达内心的美。

美感是人们在欣赏美的事务过程中所产生的内心感受，是对客观事物所产生的判断与评估，通过这样的过程使主体的认识和愿望系统得到满足和发展，从而在内心中产生美的感动，得到精神上的富足、思想上的活跃、感受力的增强，达到美化人的自身、帮助人们树立美的理想、发展美的品格、培育美的情操，在精神获得极大的满足。音乐是人类感受美感的重要途径，通过音乐曲调、节奏快慢、主题乐思、配器手法等在作曲家的笔下形成不同风格的音乐作品类型（声乐、交响乐、器乐等），这些作品所具有的通用意义就是要让人们鉴赏美、感受美，从而达到娱乐、振奋人心、体验情感的力量达到精神上的富足和审美感受力的提升，同时拓展精神文化空间，引导广大学生追求更有高度、更有境界、更有品位的艺术文化审美。在教学过程运用拓展精神文化空间的思维进行授课，如学唱歌曲《万岁！伟大的中国共产党》，这首作品通过振奋人心的旋律，内涵深邃的歌词，引导学生在学唱这首作品的过程中用昂扬向上的情绪、坚定的信念感和赞颂感进行演唱，使学生用心感受没有共产党就没有新中国、只有共产党才能救中国，引导广大青年矢志不渝跟党走，使红色基因深深融入广大青年的血脉，增强做中国人的志气、骨气、底气，不负时代、不负韶华、不负党和人民的殷切期望。

新时代中国青年迎来了实现抱负、施展才华的难得机遇，肩负着建设社会主义现代化强国、实现中华民族伟大复兴中国梦的时代重任。这就要求新时代的青年要胸怀远大理想、坚定理想信念、传承奋斗担当。作为高校教师要掌握新时代青年成长背景、明确新时代青年的使命，以"立德树人"为宗旨将课程思政贯穿教育教学全过程，引导广大青年主动学文化、学科学、学做人，不断提高广大青年的综合能力、身心素质、精神品质，培养其努力成长为堪当民族复兴重任的时代新人。

参考文献：

［1］《新时代的中国青年》白皮书．全国高校思想政治工作网．https：//www.sizhengwang.cn/a/tbtj/220427/1070623.shtml

［2］教育部关于印发《高等学校课程思政建设指导纲要》的通知．中华人民共和国教育部．http：//www.moe.gov.cn/srcsite/A08/s7056/202006/t20200603_462437.html

［3］秦宣．善用"大思政课"培育时代新人［N］．人民日报，2021-08-02（12）．

［4］魏丹．思政元素融入声乐教学的实践研究［J］．中学政治教学参考，2021（08）：26.

后　记

　　为深入学习贯彻党的二十大精神和习近平总书记关于教育的重要论述，总结展示近年来各高校加强和改进德育工作的好做法、好经验、好成绩，推动研究成果转化和交流，光明日报出版社组织出版《高校德育成果文库》，汇集各地高校的经验和成果，搭建交流研究成果、展示工作经验、促进成果转化的有效平台，相信会对进一步促进高校德育工作的创新发展起到重要的推动作用。

　　本书是《高校德育成果文库》入选书目之一，参与编写人员有苏和生、李永林、邢轶清、郭志忠、赵淑辉、包苏红、巩利萍、刘笛虹、高鹏、唐亚君、武静、魏丽红等。衷心感谢学院党委和相关部门、同事的支持和帮助，感谢光明日报出版社在本书编写和出版过程中给予的悉心指导和大力支持，感谢本书编写成员的辛勤付出。

本书编写组
2022 年 11 月